"En la familia de Dios, el que es ordenado como sacerdote es elevado en la persona de Cristo y recibe el poder sagrado para servir como un padre espiritual, gobernando, enseñando y santificando a toda la familia. En este importante libro, el Padre Carter Griffin nos ayuda a ver la paternidad sacerdotal de Jesús bajo una nueva luz. Él nos muestra lo esencial que es el celibato, no solo por la identidad sacerdotal de Nuestro Señor, sino por la misión que Él confía a sus sacerdotes. Este libro es un trabajo fino de teología bíblica que renueva nuestra apreciación por la belleza del celibato y nos ofrece una visión inspiradora del sacerdocio en el plan de redención de Dios."

Monseñor José H. Gomez,
Arzobispo de Los Ángeles, autor de Hombres de corazón valiente: La virtud de la fortaleza en la vida sacerdotal

"*¿Por qué el celibato?* No es solo el título de un estudio importante realizado por el P. Carter Griffin, sino también es una pregunta en la mente de muchos en la sociedad actual – incluyendo la de los mismos fieles y sacerdotes católicos. El P. Griffin aborda esta pregunta de una forma positiva muy poderosa, resaltando el importante vínculo entre el celibato y la paternidad. El sacerdocio se define no solo por lo que hace un sacerdote, pero aún más importante por lo que es un sacerdote. El sacerdote es un padre espiritual y el celibato es muchas veces un elemento subestimado en la fecundidad de su ministerio sacerdotal. Recomiendo este libro a todos los que deseen comprender e incluso rescatar el celibato como un don precioso confiado a la Iglesia por "el Padre, de quien toma nombre toda familia en el cielo y en la tierra' (Ef. 3,15)".

REVERENDÍSIMO PAUL S. COAKLEY
Arzobispo de Oklahoma City

"Unos años después de mi ordenación murió mi padre. En medio de mi tristeza y de mi pérdida, me sorprendió el darme cuanta cuánto me había preparado mi padre para ser sacerdote por el simple hecho de haber sido un buen padre. El P. Griffin pone en palabras lo que yo había intuido hace años – un sacerdote célibe no es menos sino todavía más padre para quienes están bajo su cuidado espiritual.

El P. Carter Griffin ofrece más que una defensa del celibato: Se lanza en una misión de rescate para salvar el sacerdocio célibe de ser reducido a algo antinatural, anacrónico y represivo. Muestra cómo el celibato es un signo eficaz de una fecundidad sobrenatural que, para vivirlo bien, debe estar arraigado en la paternidad espiritual.

Es cierto que el celibato no es esencial para el Sacramento del Orden Sacerdotal. Sin embargo, como el P. Griffin lo escribe de manera elocuente, es algo sumamente apropiado para el sacerdocio porque le permite al sacerdote no solo 'vivir su propia paternidad sobrenatural con mayor eficacia y naturalidad', sino que también revela 'la Paternidad de Dios de una manera particularmente extraordinaria'.

Necesitamos un libro como este. Muchas de las dificultades actuales en la Iglesia se pudieron haber evitado si los sacerdotes y los obispos hubieran vivido bien el celibato y hubieran verdaderamente sido padres. Como rector de un seminario mayor sé muy bien que la reforma que la Iglesia necesita hoy comienza, inevitablemente, con una buena formación sacerdotal – y la buena formación sacerdotal incluye una fuerte formación de cómo vivir bien el celibato. El P. Griffin muestra claramente que necesitamos el celibato ahora más que nunca – y un sacerdocio célibe de verdaderos padres espirituales."

REVEREDNO MONSEÑOR ANDREW R. BAKER, S.T.D.
Rector, Seminario de Mount St. Mary, Emmitsburg, MD

"La Iglesia nos enseña que todo hombre está llamado a ser padre, y toda mujer es llamada a ser madre. El P. Carter Griffin nos ha dado una presentación brillante y lúcida de los propósitos y beneficios del celibato, y de la profundidad de la paternidad sacerdotal. Este libro es muy necesario para la Iglesia en este momento. Los seminaristas que lo lean quedarán entusiasmados con el regalo del celibato, ¡y los sacerdotes serán renovados en su compromiso!"

P. BRETT BRANNEN
Autor y pastor, Church of the Most Blessed Sacrament, Savannah, GA

"¡Qué aliento para los sacerdotes en estos tiempos difíciles! El estudio cuidadoso del P. Griffin es un antídoto contra el concepto deficiente de lo que es el sacerdocio que hoy prevalece. La cuidadosa lectura de las Escrituras ilumina la relación profunda entre el celibato sacerdotal y la paternidad espiritual. ¿Por qué el celibato? es una lectura imprescindible para sacerdotes y aquellos quienes los forman."

DRA. MARY HEALY
Sacred Heart Major Seminary, Detroit, MI

"Una defensa reflexiva, mordaz, inspiradora y muy oportuna de la antigua tradición del celibato en el sacerdocio católico del rito latino. Escrito por uno de los mejores sacerdotes de los Estados Unidos."

GEORGE WEIGEL
Distinguido Miembro Titular y Catedrático de Estudios Católicos William E. Simon del Ethics and Public Policy Center

"Este libro llega en el momento preciso de una intervención divina. Justo cuando la paternidad natural y sacerdotal parecen estar desmantelándose, ¡este libro llega con una verdad sanadora y vigorizante! Dentro del regalo conyugal que es el celibato sacerdotal –regalo que no es nada menos que el propio cuerpo de un hombre ofrecido en respuesta al amor de Dios y a las urgentes necesidades espirituales de la Iglesia–, no solamente hay sacrificio sino generatividad. Es la verdad de la generatividad espiritual que se ha descuidado dentro de la conciencia de los sacerdotes por mucho tiempo. Ahora, lo que es implícito se hace explícito en este sucinto libro que está escrito de forma clara y maravillosa. No solo debería incluirlo todo seminario entre sus lecturas, sino también todo párroco debería leerlo junto con los papás que forman parte de su parroquia. Por medio de estos esfuerzos por parte de seminarios y párrocos vendrá una renovación de la reverencia a la paternidad en nuestra Iglesia que esperamos, pueda llegar a impactar hasta la cultura occidental".

DIÁCONO JAMES KEATING
Instituto para la formación sacerdotal,
Creighton University, Omaha, NE

"El P. Carter Griffin ha ofrecido un extraordinario servicio a la Iglesia al restaurar dentro del tema del celibato sacerdotal la dimensión frecuentemente relegada de la paternidad espiritual. Este libro es una lectura obligada para los seminaristas, sacerdotes y cualquier persona que desee entender el precioso carisma del celibato."

P. PAUL SCALIA
Vicario Episcopal para el Clero, Diócesis de Arlington

"Recomiendo ampliamente *¿Por qué el celibato?* Es un libro muy oportuno y provocativo que aborda la crisis actual de la paternidad, el sacerdocio y el celibato clerical con un claro y sólido argumento teológicamente fundamentado. Plantea que los sacerdotes no renuncian la paternidad, sino que aceptan el celibato como una forma privilegiada de vivirla: generando vida y cumpliendo las responsabilidades paternales de proveer, guiar, enseñar y proteger a quienes son encomendados a su cuidado. Esta perspectiva contundente del sacerdote está arraigada en su identidad como uno sacramentalmente constituido a Cristo, Cabeza de la Iglesia, que perfectamente representa y revela a Dios Padre."

HERMANA SARA BUTLER, M.S.B.T.
University of St. Mary of the Lake, Mundelein, IL

"Una de las crisis más grandes que enfrenta la Iglesia es provocada por sacerdotes que no aman a los hijos de Dios como verdaderos papás espirituales, el resultado de una comprensión y vivencia defectuosa de la castidad célibe sacerdotal. El P. Griffin ofrece un remedio para este mal en esta presentación clara, concisa y convincente de cómo el celibato sacerdotal enriquece la paternidad sacerdotal. Este trabajo alentará a los sacerdotes de hoy y las generaciones de un futuro, fortalecerá el aprecio de todo católico por los tesoros del sacerdocio y el celibato sacerdotal, y ayudará a hombres jóvenes y mayores a entender y crecer en la castidad y en la auténtica paternidad. La reforma de la Iglesia no se realizará sin la reforma del sacerdocio que el P. Griffin describe detalladamente en este precioso libro que ahora tiene en sus manos."

P. ROGER J LANDRY
Autor de Plan of Life: Habits to Help You Grow Closer to God

¿POR QUÉ EL CELIBATO?

¿POR QUÉ EL CELIBATO?

RECLAMANDO LA PATERNIDAD DEL SACERDOTE

P. CARTER GRIFFIN

Prólogo de Scott Hahn

EMMAUS
ROAD
PUBLISHING

Steubenville, Ohio
www.emmausroad.org

Dedicatoria

A los seminaristas a quienes he tenido el privilegio de servir. Su valor, generosidad y nobleza de corazón en estos tiempos difíciles han sido una inspiración inquebrantable para mí. Este libro es un sencillo, pero muy sincero y agradecido homenaje para ellos.

Tabla de contenido

Prólogo...xv

Prefacio...xix

Introducción: La paternidad célibe de Cristo.........................1

Capítulo uno: La paternidad sacerdotal......................................9

    La paternidad del sacerdote..27

    Ejercicio de la paternidad sacerdotal..38

Capítulo dos: El celibato sacerdotal...53

    El celibato y la paternidad sobrenatural....................................54

    Ejerciendo la paternidad sacerdotal célibe................................70

    Tres riesgos en el sacerdocio...81

    ¿El celibato opcional?...93

Capítulo tres: Selección y formación.....................................101

    Seleccionando a los futuros padres espirituales......................101

    Formando futuros padres espirituales......................................110

    Formando padres castos..121

Capítulo cuatro: Beneficios adicionales
del celibato...131

    Las gracias del celibato...132

    El testimonio del celibato..142

Conclusión: San José y la
Santísima Virgen María...161

Reconocimientos..171

Bibliografía..173

Prólogo

"QUÉDATE EN MI CASA", dijo Miká, "y serás para mí un padre y un sacerdote" (Jueces 17,10).

"Ven con nosotros", exhortaron los Danitas, "y serás para nosotros padre y sacerdote" (Jueces 18,19). Este hecho –la paternidad del sacerdocio– se encuentra en el corazón de la religión bíblica, y es evidente en las sinceras súplicas de Miká y los Danitas. La vida de Israel requería el servicio de un sacerdote que ofreciera sacrificios. Y esto no cesó con la llegada del Mesías. La religión bíblica es sacrificial y el sacrificio es un acto sacerdotal. Cristo es nuestro sumo sacerdote, pero comparte su ministerio con aquellos ordenados para ofrecer el sacrificio en la Iglesia.

El sacerdocio, sin embargo, no es simplemente un trabajo, o una carrera, o un pasatiempo. Es una vida, una vocación, un vínculo familiar. Esto es evidente en las acertadas palabras del Libro de los Jueces: "Quédate en mi casa ...Ven con nosotros ... serás para nosotros padre". Un sacerdote es un padre, y un padre se queda con su familia y va a donde ellos van. Su compromiso es total. Él no puede concebir una vida alejado de ellos.

A lo largo de la historia de la salvación, el celibato ha salvaguardado ese compromiso. En la Antigua Alianza, los sacerdotes de Israel cumplieron con los términos de la continencia sexual durante la rotación en su servicio (ver Éxodo 19,15 y Deuteronomio 23, 9–13). Cuando concluían su período, volvían a lado de sus esposas; pero durante su término pertenecían enteramente a Dios y al servicio de su pueblo escogido.

En la Nueva Alianza vemos el cumplimiento del sacerdocio en Jesucristo Él es el "sumo Sacerdote de lo bienes futuros" (Heb. 9,11). Él es el modelo y la imagen de lo que debe ser un sacerdote. Y él es célibe. El período de su servicio es para siempre. Es perpetuo, como es eterno su sacerdocio.

Este libro del P. Carter Griffin pone de manifiesto otra característica del sacerdocio de Jesús. ¿Por qué el celibato? propone que las Escrituras y los Padres de la Iglesia revelan todas las acciones del Señor –su predicación y enseñanza, sus relaciones, su sacrificio en el Calvario– como distintivo de un sacerdote fiel *y* las acciones de un padre fiel.

La paternidad es esencial para el sacerdocio ministerial. El sacerdote ofrece la Santa Misa. A veces es el administrador de una parroquia. Pero, ante todo, es un padre espiritual.

Jesús, que ordenó a los Apóstoles para compartir su ministerio, les dijo que habría un lugar para el celibato en el Iglesia (Mateo 19, 10–12). San Pablo aceptó esa vocación (ver 1 Cor. 7) y disfrutó la libertad que le dio para el ministerio. Estaba completamente disponible para sus congregaciones. Él reconoció, además, que le debía su libertad a su celibato. (ver 1 Cor. 7, 32–34). Su corazón no estaba dividido, su mente no estaba distraída. No desfalleció ante el peligro. No tenía que preocuparse de tener favoritismos a una esposa o a hijos. Él podía ser para la Iglesia –incondicionalmente– "un padre y un sacerdote."

La Iglesia de Jesucristo ha seguido siempre el modelo de Jesús y de San Pablo. No quiero decir con eso que el celibato es siempre y en todas partes obligatorio. Este no es el caso. Sin embargo, en alguna medida siempre se ha observado. En las Iglesias Orientales un hombre casado puede ordenarse al sacerdocio, pero el episcopado está reservado para los célibes. No obstante, un hombre no puede casarse después de su ordenación y permanecer activo en el ministerio sacerdotal. En el oriente también se acostumbra que los sacerdotes casados observen una continencia periódica, como lo hacían los levitas en Israel.

En el occidente, parece ser que la tradición del sacerdocio célibe es en realidad algo antiguo. Un obispo del siglo IV, San Ambrosio de Milán, al dirigirse al clero joven da por sentado que muchos de ellos nunca habían oído hablar de un sacerdote casado.

El sacerdocio célibe es una constante en la religión bíblica, y se cumple perfectamente en Cristo y en su cuerpo, la Iglesia.

El P. Griffin señala que, a través de la larga historia de la Iglesia, en donde los sacerdotes viven bien el celibato, surge la paternidad espiritual. En este sentido, la aparente contradicción del padre célibe no es ninguna contradicción.

Como lo sabía Jesús, y como lo sabía San Pablo, y también todos los sacerdotes católicos, el sacerdocio célibe tiene sus ventajas prácticas. Puedo dar testimonio de esto como un contra-testigo, porque yo serví como ministro presbiteriano casado y tuve dificultades para manejar bien mis compromisos. Vi como muchos de mis colegas estaban fracasando en sus esfuerzos para lograr ese equilibrio —ya sea favoreciendo a la familia sobre la congregación o viceversa, y a veces hasta cayendo en adulterio y divorcio.

Esto no quiere decir que los célibes nunca fallan en sus dificultades. Fallan, como los medios de comunicación no dejan de recordárnoslo. Pero creo que el matrimonio empeoraría los problemas en vez de solucionarlos.

Lo que queremos de nuestro clero es lo que quería Miká y lo que querían los Danitas. Queremos que sean sacerdotes que no solo ofrecen sacrificios, sino que se ofrecen enteramente en sacrificio por su Iglesia – así como los padres se ofrecen en sacrificio por sus familias. Queremos que estén con nosotros, que sean Cristo entre nosotros. Queremos que permanezcan con nosotros como él permanece con nosotros. Este es un deseo desde el fondo nuestros corazones porque Dios lo ha puesto ahí.

El sacerdocio célibe es más que una costumbre para nosotros. Es algo integral a la tradición, desde la Antigua Alianza hasta la Nueva y a lo largo de la historia de la Iglesia.

¿Por qué el celibato? llega al corazón de esta realidad y ofrece a la Iglesia y a sus sacerdotes una visión renovada del sacerdocio. Más que eso, el P. Griffin ofrece un camino a seguir para que todos los hombres lleguen a ser padres espirituales en el orden de la gracia. No esperemos nada menos de los sacerdotes de Cristo.

Scott Hahn

Prefacio

EL 8 DE ABRIL DEL 2005 se reunió la congregación más grande en la historia de fieles cristianos en la Plaza de San Pedro para el entierro del papa Juan Pablo II. Reyes y presidentes, religiosos y fieles laicos, católicos y no católicos de todos los rincones del mundo fueron a orar y a demostrar su amor por un hombre que había tocado un sinnúmero de almas en el transcurso de su larga vida. Con más de cuatro millones de dolientes presentes y miles de millones de televidentes, la imagen recurrente que evocaba era la del entierro de un padre. Cuando su sencillo ataúd fue dispuesto para un saludo final antes de ser llevado a la Basílica, pocos pudieron contener sus lágrimas mientras se despedían de su "papa" –su "padre"–, quién los amó con el corazón generoso de un padre, heroicamente, hasta su último suspiro.

En lo que para muchos pareciera una contradicción, el hombre que modeló la paternidad para toda una generación de creyentes fue un sacerdote célibe. Pero un conocimiento más profundo del celibato sacerdotal y de la paternidad espiritual demuestran que no hay contradicción alguna.

Creo que hay una necesidad particular de este conocimiento más profundo. El escándalo de la infidelidad de los sacerdotes célibes y el verdadero sentido de engaño que sienten los fieles, como también la escasez de sacerdotes, ha debilitado seriamente la confianza en lo que es la sabiduría del celibato sacerdotal. Aunque no nos extrañe esta reacción, creo que las dudas sobre el celibato están mal fundadas. Así como el matrimonio no causa el adulterio, tampoco el celibato causa el abuso sexual de menores y de adultos vulnerables. Cuando los sacerdotes u obispos se vuelven depredadores peligrosos y sus superiores no los detienen, no es un fracaso del celibato —es un fracaso de no vivir *adecuadamente* el celibato. Es un fracaso de la castidad, no del celibato. Es, de hecho, un fracaso por no vivir el celibato como padres sacerdotales. Los buenos padres simplemente no abusan de sus hijos, ni toleran a nadie que lo haga.

Lejos de justificar una abolición o una versión resumida del celibato, la tormenta de escándalos hoy en la Iglesia exige una renovación profunda del sacerdocio célibe y la paternidad a la que está orientada. Pido para que este libro contribuya de alguna manera, aunque sea poco a esa renovación.

El objetivo de este libro, sin embargo, va más allá de dar una respuesta a estos grandes abusos de confianza. Espero que también ayude a renovar la certeza en la poderosa eficacia del celibato sacerdotal. Recientemente en el 2013 la Iglesia afirmó que el celibato "es un don gozoso que la Iglesia ha recibido y quiere custodiar, convencida de que es un bien para sí misma y para el mundo."[1] En 1992 San Juan Pablo II declaró que el Sínodo de Obispos "no quiere dejar ninguna duda en la mente de nadie sobre la firme voluntad de la Iglesia de mantener la ley que exige el celibato libremente escogido y perpetuo para los candidatos a la ordenación sacerdotal en el rito latino. El Sínodo solicita que el celibato sea presentado y explicado... como precioso don dado por Dios a su Iglesia y

---

[1] Congregación para el Clero, *Directorio para la Vida y Ministerio de Sacerdotes* (Citta del Vaticano: Libreria Editrice Vaticana, 2013), no. 79.

como signo del Reino que no es de este mundo."[2]

Sin embargo, muchos sacerdotes, inclusive algunos de los más jóvenes que se formaron después de las reformas al seminario de San Juan Pablo II, hacen todo por vivir fielmente el celibato y aun así muchos abandonan el ministerio. Al explorar las bases del celibato sacerdotal, mi objetivo no es solo reforzar la antigua sabiduría de la Iglesia, sino también recordarles a los sacerdotes por qué se han comprometido a aceptarlo. Santa Teresa de Calcuta comentó una vez que el "celibato sacerdotal es ese don que prepara para la *vida allá en el cielo*. Jesús llama a su sacerdote a ser su colaborador en la Iglesia, para poblar el cielo con los hijos de Dios."[3] Cuando esta profunda intuición de la Madre Teresa sobre la fecundidad del celibato se convierte en una convicción inquebrantable en el corazón de un sacerdote, este comienza a ver su celibato, su sacerdocio y su propia vida de otra manera: los ve a la luz de la paternidad. Él comienza a verse a sí mismo como un padre en el orden de la gracia, no solo en nombre y en título, sino como una identidad que impregna toda su vida sacerdotal. Por lo tanto, este libro pretende confirmar a los sacerdotes en la sabiduría, la belleza y la fecundidad de su sacerdocio célibe.

Es curioso que la paternidad espiritual de los sacerdotes célibes ha recibido poca atención en la teología, quizás en parte porque simplemente se ha dado por hecho. Especialmente en las regiones donde comúnmente se les llama

---

[2] Papa Juan Pablo II, Exhortación Apostólica postsinodal sobre la formación de Sacerdote en las circunstancias de nuestros días *Pastores Dabo Vobis* (15 de marzo de 1992), § 29.

[3] Teresa de Calcuta, "Priestly Celibacy: A Sign of the Charity of Christ" (1993): consultado el 5 de octubre del 2018, http://www.vatican.va/roman_curia/congregations/cclergy/documents/ rc_con_cclergy_doc_01011993_sign_en.html., énfasis en el original.

"Padre", los sacerdotes pueden reconocer implícitamente su propia paternidad, quizás, sin un claro concepto de su naturaleza o de cómo se ejerce. Algunos podrían admitir, por ejemplo, que en la administración del Bautismo los sacerdotes disfrutan de una especie de paternidad espiritual, pero cuesta distinguirla de cuando los laicos o incluso los no creyentes administran el sacramento.

Más allá del Bautismo, la paternidad del sacerdote rara vez está conectada a su celebración de los otros sacramentos o con su predicación, su enseñanza, su labor como pastor, o su designación temporal como administrador o director. Todavía menos se asocia la paternidad del sacerdote con su compromiso al celibato. Efectivamente, el celibato se identifica normalmente como la misma renuncia a la paternidad. En resumen, si existe una noción inmadura de que el sacerdocio célibe tiene algo que ver con la paternidad, su aplicación práctica muy seguido es algo desconocido.

Respondiendo a este vacío teológico, San Pablo VI en su encíclica *Sacerdotalis Caelibatus*, invitó a los creyentes y teólogos a estudiar el celibato a la luz de la misión redentora de Cristo, "perseverar en el estudio de estas perspectivas y penetrar en sus íntimas y fecundas realidades, de suerte que el vínculo entre el sacerdocio y el celibato aparezca cada vez mejor en su lógica luminosa y heroica, de amor único e ilimitado hacia Cristo Señor y hacia su Iglesia."[4] En estos momentos en que el celibato sacerdotal se ve a menudo como una imposición arbitraria y anacrónica, es más importante que nunca asumir el reto del papa Pablo de descubrir la lógica natural y sobrenatural inscrita en el celibato.

---

[4] Papa Pablo VI, Carta Encíclica sobre el Celibato del Sacerdotal *Sacerdotalis Caelibatus* (24 de junio de 1967), § 25.

La convicción que expresan estas páginas es que los sacerdotes reciben el celibato como una decisión radical de entregarse a Dios y al prójimo, de modo que están capacitados para generar una nueva vida espiritual. Los sacerdotes son célibes, en definitiva, porque su celibato –cuando se vive como es debido– es una forma privilegiada de asumir una paternidad que trasciende la naturaleza: es una paternidad "sobrenatural" en el orden de la gracia.[5]

Las implicaciones pastorales de esta idea no son solo para los sacerdotes sino también para todos los fieles. Aunque la audiencia principal de este libro consta de sacerdotes diocesanos, seminaristas y aquellos que los escogen y los forman, la mayor parte de lo siguiente es igualmente útil para a los sacerdotes de congregaciones religiosas. También es bastante relevante para aquellos que escogen el celibato apostólico como laicos. Las personas casadas también se benefician de un mayor conocimiento de la paternidad sacerdotal célibe.

Así como las familias con un padre tienden a disfrutar de una mayor unidad y un claro sentido de identidad, también las parroquias y las diócesis tienden a prosperar más con un sacerdote u obispo que ve su vocación como algo inherentemente paternal y la ejerce con un amor generoso y sacrificado. Cuando los fieles aprecian esa clase de amor y lo esperan de sus pastores, pueden hacer mucho para recobrar un firme

---

[5] A lo largo de este libro usaré los términos "paternidad sobrenatural" y, el más común, "paternidad espiritual" indistintamente. Sin embargo, en mi opinión el primer término es más preciso, ya que evita cualquier apariencia de dualismo antropológico. Además, para algunos, "espiritual" puede implicar un grado de irrealidad o abstracción, como si los padres espirituales fueran simplemente semejantes o parecidos a los "verdaderos" padres. Lo que pretendo con el término de paternidad sobrenatural no es hacer simplemente una similitud de la paternidad, sino una manifestación de la paternidad en sí, como se explicará en los siguientes capítulos.

sentido de la paternidad en el sacerdocio. Los hombres están hechos maravillosamente para estar a la altura de las expectativas, y son pocas las que pueden obtener una respuesta más generosa del corazón de un hombre que la expectativa de convertirse en un padre digno.

Celibato, Sacerdocio y Paternidad

Una motivación indirecta de este libro es ofrecer bases racionales para la noción de la "paternidad sacerdotal célibe" en contra de los vientos de ciertas ideas contemporáneas. Hoy, cada uno de estos tres términos –celibato, sacerdocio y paternidad– está sujeto a una reducción o a una carencia intelectual.

El celibato muchas veces es visto como una opción meramente negativa, solamente como una renuncia, haciendo prácticamente incomprensible la noción de la generatividad positiva en quienes la escogen. Esta idea limitada del celibato, a pesar de su fuerte resurgimiento, no se originó en la modernidad. En la antigüedad, por ejemplo, la reducción del celibato tendió a concentrarse de manera bastante limitada en lograr una pureza corporal, idea que a menudo, fue alimentada por una vaga noción de la corporalidad y la sexualidad humana. Hoy en día se tiende a reducir el celibato a un cálculo pragmático de tiempo y disponibilidad para el ministerio. Los mismos sacerdotes, inclusive algunos que tienen dificultades con el celibato y no conocen sus razones más profundas, suelen expresar ese punto de vista. Hasta la noción mucho más amplia del celibato conyugal, la de estar "casado con la Iglesia", no les llega emocionalmente a muchos sacerdotes al tratar de manejar las dificultades del celibato. La orientación hacia la paternidad espiritual, por el contrario, puede ser una visión más convincente del celibato para muchos sacerdotes.

Además de una idea carente del celibato, hoy también hay un concepto disminuido del sacerdocio que se enfoca más en sus quehaceres, incluso los burocráticos, en vez de sus dimensiones relacionales, personales y paternas. La especialización técnica del trabajo profesional que surgió en la época de la Ilustración no ha pasado por alto al sacerdocio, el cual se ve desde lo administrativo, como una serie de tareas ministeriales para las que los hombres son más o menos competentes y por las que son evaluados según la eficacia de su ejecución. El ritmo de vida que ha resultado de los avances en la tecnología y la comunicación, el aumento de exigencias impuestas a un número menor de sacerdotes, y el aumento de deberes administrativos, han hecho que muchos párrocos sientan que no tienen el tiempo suficiente para llevar a cabo un verdadero ministerio pastoral. A pesar de sus mejores intenciones y esfuerzos, los sacerdotes a menudo se lamentan estar haciendo muy poco de lo que estaban ansiosos por hacer a partir del día de su ordenación, las cosas que son el corazón de su ministerio: predicar, administrar los sacramentos y convivir con la comunidad. Es lo que *hace* el sacerdote y no lo que *es* lo que suele definir la vocación hoy en día tanto en la mente del sacerdote como la de sus feligreses. La idea de la vida sacerdotal centrada en programas, ministerios institucionales y sus logros es una visión lamentablemente anémica del sacerdocio que puede remediarse con el regreso a la paternidad sacerdotal, como lo espero demostrar.

La tercera reducción intelectual relevante para esta discusión es la de una noción empobrecida de la misma paternidad. Hoy muchos perciben la paternidad simplemente como un mero acto biológico, y esta misma contribución biológica poco a poco se está disminuyendo por los avances médicos. Empezando con la revolución sexual de la década de los 60, junto con los más recientes avances científicos en las áreas de anticonceptivos, fecundación in vitro, vientres de alquiler y pronto, la clonación, la sexualidad humana se ha desligado gradualmente de su orientación natural a engendrar. Pese a que la maternidad también ha sufrido por parte de esta reducida antropología; entre más se separe lo físico y lo emocional de la parte que desempeña el hombre para engendrar a otro ser humano, más fácilmente se nubla su contribución. Como resultado, la sociedad occidental juzga cada vez más el papel del hombre en la familia como algo prescindible. El daño que le causa a los niños, a las madres, a la sociedad en general y a los mismos padres por esta disminución de la paternidad es enorme. Como consistentemente lo demuestran las investigaciones, los niños que crecen sin sus padres son mucho más propensos a reprobar en la escuela, a tener problemas emocionales y de comportamiento, de abuso de drogas, a sufrir maltrato infantil, y a terminar en la cárcel.[6] El psicólogo Paul Vitz señala que las cárceles en los Estados Unidos, estadísticamente hablando, son esencialmente instalaciones para alojar a jóvenes sin padre.[7] Hay una necesidad desesperada de renovar y restaurar nuestra reverencia cultural por la nobleza de la paternidad.

[6] Ver, por ejemplo, Wade F. Horn, "The Rise of an American Fatherhood Movement", en *The Faith Factor in Fatherhood: Renewing the Sacred Vocation of Fathering*, ed. Don E. Eberly (Lanham, MD: Lexington Books, 1999), 136. También, Philip M. Sutton, "The Fatherhood Moment: The Rest of the Story," en *Marriage and the Common Good: Proceedings from the Twenty-Second Annual Convention of the Fellowship of Catholic Scholars, Septiembre 24–26, 1999, Deerfield, Illinois*, ed. Kenneth D. Whitehead (South Bend, IN: St. Agostoine's Press, 2001), 62.

[7] Ver Paul C. Vitz, "The Importance of Fathers: Evidence from Social Science" 6, consultado el 11 de octubre del 2018, https://www.catholiceducation.org/en/controversy/ matrimonio / familia-declive-los-hallazgos-de-social-science.html.

Ciertamente este declive en nuestra noción cultural del celibato, el sacerdocio y la paternidad no es algo universal, aunque sí creo que está más profundamente arraigado de lo que muchos quisieran admitir. Donde se encuentren estos tres elementos, un concepto más profundo de la paternidad espiritual de los sacerdotes célibes puede ayudar a restaurar su brillo. Al reconocer la noción anémica y negativa del celibato, podemos empezar a comprender que el compromiso célibe es algo positivo y genera vida. Solo así el sacerdocio podrá liberarse de su carga funcionalista y reafirmarse como una vocación que considera al hombre en su totalidad en una identidad paternal dirigida a engendrar nuevos hijos en la gracia. Pues para que se lleve a cabo una verdadera renovación dentro de la Iglesia, la paternidad debe ser liberada de una excesiva simplificación materialista y "biologicista" para ser nuevamente elevada como el máximo cumplimiento de la masculinidad, ordenada –tanto en lo natural como en lo sobrenatural– a la procreación de la vida y su florecimiento.[8]

El acentuar la paternidad espiritual de los sacerdotes célibes sirve para iluminar tres realidades – el celibato, sacerdocio y la paternidad –, y ayuda a restaurar su plena dignidad y significado.

De hecho, no solo salen beneficiados los sacerdotes

---

[8] Los antecedentes de este libro se pueden encontrar en mi tesis doctoral titulada *Supernatural Fatherhood through Priestly Celibacy: Fulfillment in Masculinity (A Thomistic Study)*, publicada en el 2011 por la Universidad Pontificia de la Santa Cruz en Roma. En el proceso de reestructuración y resumen de ese trabajo, y también de añadir nuevo material, he tratado de hacerlo más ameno y menos denso que una disertación académica, sin dejar de dirigirlo a una audiencia que es familiar con los amplios contornos de la discusión sobre el celibato. Lectores que deseen un estudio académico más intensivo del tema en general, incluyendo su relevancia para el sacerdocio exclusivamente masculino y en respuesta a las críticas feministas que se le hacen, tal vez deseen consultar la disertación.

célibes de un mejor entendimiento de estos conceptos tan importantes, sino también los católicos. Una mujer que fue mi feligresa y que ahora es una hermana religiosa recientemente me escribió sobre el impacto de los sacerdotes célibes en su vida. Creo que ella habla en nombre de muchos de los fieles. "No estoy segura que pueda expresarlo muy bien con palabras", empezó la Hermana Diana Marie. "Solo sé que el celibato sacerdotal ha impactado mi vida de una manera profunda. La diferencia que los sacerdotes han hecho en mi vida, estoy convencida, no hubiera sido la misma para mí que la de convivir con hombres casados, sacerdotes casados o incluso mujeres devotas. Hay algo único e irremplazable en el papel que un hombre totalmente entregado a Dios puede hacer en una vida." Y así ella concluyó: "Mi vida es ahora otra gracias a los sacerdotes que se han entregado en cuerpo y alma al Señor y a la Iglesia – o que al menos se esfuerzan constantemente por hacerlo."[9]

Creo que esta experiencia del celibato sacerdotal es algo común, pero también lo es el trabajo que cuesta expresar el por qué esto fue algo espiritualmente fructífero en su vida. "No estoy segura que pueda expresarlo muy bien con palabras," escribió. Muchos estarían de acuerdo. Responder a la pregunta de "¿Por qué el celibato?" tiene hoy una particular urgencia. Espero que este libro, al mostrar que el celibato es una forma privilegiada de vivir la paternidad espiritual, pueda dar una respuesta convincente y positiva.

---

[9] Hermana Diana Marie Andrews, OP, de las Hermanas Dominicas de Hawthorne, en correspondencia privada con el autor, 20 de diciembre del 2018.

La paternidad célibe de cristo

EN LA GALERÍA NACIONAL DE LONDRES hay una pintura de Sebastiano del Piombo que presenta a Jesús resucitando a Lázaro de entre los muertos. En esta imagen, el Señor extiende su brazo hacia Lázaro que sale de la tumba envuelto en sábanas, con sus hermanas Marta y María y la multitud observando. La mano de Jesús está precisamente con la misma postura que la de Dios Padre en el gran fresco de Miguel Ángel, la *Creación de Adán*, en el techo de la Capilla Sixtina. Si del Piombo lo planeó o no –pintó el *Levantamiento de Lázaro* solo seis años después de la Capilla Sixtina–, él acertó algo muy importante y teológicamente profundo de la acción de Jesús al resucitar a su amigo Lázaro de entre los muertos. Al igual que Dios Padre le dio vida al Primer Adán, así también Cristo –el Último Adán– le da nueva vida a Lázaro y a las multitudes que se le acercaban en busca de misericordia, verdad y sanación; y así también este Nuevo

Adán sigue dando nueva vida en la gracia a muchos más a través de su perfecto acto de amor en la Cruz. Del Piombo, consciente o inconscientemente, con su pintura estaba realizando un antiguo subtexto del pensamiento católico que ve en Jesús no solo al Hijo del Padre, sino en él mismo el padre de una nueva y redimida humanidad.

Este es un punto importante. Si el sacerdote célibe es verdaderamente un *padre* en todo el sentido de la palabra, entonces teológicamente debe concluirse que Cristo, cuyo sacerdocio lo comparte todo sacerdote, debe ser también él mismo un padre en el orden de la gracia.

Si bien puede parecer un poco discordante llamarle a Jesús padre, la idea está respaldada por las Escrituras y por la tradición teológica. Adán mismo es el padre de la humanidad, el comisionado por Dios "sean fecundos y multiplíquense" (Gen. 1,28). Jesús, según San Pablo, es "el último Adán" (1 Cor. 15,45), identificándolo como el nuevo padre de la humanidad, un padre en el orden de la gracia, quien recibe de Dios la comisión "sean fecundos y multiplíquense", para multiplicar una raza humana redimida, para generar hijos para el reino de los cielos. También hay indicios de esto en los evangelios. Aunque lo usaba como una expresión, Jesús a menudo empleaba el término afectuoso "hijos" cuando se dirigía a sus discípulos: "¡Hijos, qué difícil es para aquellos que confían en las riquezas entrar en el reino de Dios!" (Marcos 10,24); "Hijos míos, ya poco tiempo voy a estar con ustedes" (Juan 13,33); "Muchachos, ¿no tienen nada que comer?" (Juan 21, 5); "Hijo, tus pecados te son perdonados" (Marcos 2, 5).

De forma explícita, Jesús realiza en su ministerio toda acción del padre bueno: les provee alimento a sus discípulos, para el cuerpo y el alma, él los guía, les enseña y los protege de cualquier daño. Pero, por encima de todo, les da a ellos y

a todos los creyentes, nueva vida –una vida superior a todas– en el Misterio Pascual, y les prepara el camino para
su resurrección: el nacimiento físico de todos los creyentes
hacia la vida eterna. "Porque como el Padre resucita a los
muertos y les da la vida", escribe San Juan, "así también el
Hijo da la vida a los que quiere" (Juan 5,21). San Juan también se refiere a la generatividad sobrenatural de Cristo en
su primera epístola: "Y ahora, hijos míos, permanezcan en él
para que, cuando se manifieste, tengamos plena confianza y
no quedemos avergonzados lejos de él en su Venida. Si saben
que él es justo, reconozcan que todo el que obra la justicia ha
nacido de él"(1 Juan 2, 28-29).

Exégetas han encontrado referencias a la paternidad de
Cristo aun en el Antiguo Testamento, como un pasaje muy
citado de Isaías afirmando que el rey mesiánico sería "Padre del siglo venidero" (Isaías 9, 6, vulgata),[1] y otro pasaje
de Isaías citado en la Carta a los Hebreos: "Aquí estoy yo, y
mis hijos, que me dio el Señor" (Isaías 8,18, vulgata, citado en
Hebreos 2,13). En los pasajes del Siervo Sufriente de Isaías
leemos que "Si se da a sí mismo en expiación, verá descendencia, alargará sus días, y lo que plazca al Señor se cumplirá
por su mano" (Isaías 53,10).

La reflexión teológica de Cristo como padre, aunque
siempre como una sub-corriente intelectual, persistió en la
era patrística y aun después.[2] La referencia explícita a la pa-

---

[1] o A veces traducido como "Padre eterno" o "Padre sempiterno".
[N. del T.: En el texto original el autor extrae esta y la siguiente cita de la Biblia Douay–Rheims (1899) American Edition (DRA), que es una reconocida
traducción al inglés de la vulgata latina. Para propósitos de esta edición se
ha usado la traducción al español de la vulgata preparada por el señor obispo
Felipe Scio de San Miguel (1852), la cual se referencia dentro del texto como
"vulgata."]
[2] 1 Ver José Granados, "Priesthood: A Sacrament of the Father", *Communio:*

ternidad de Cristo puede verse, por ejemplo, en los escritos de los santos Justino Mártir, Ireneo de Lyon, Clemente, Atanasio, Filomeno de Mabbug, Efraín y Benedicto, así como de Orígenes, Evagrio de Ponto y Melito de Sardis. De manera implícita se encuentra en las obras de escritores como los santos Ambrosio, Agustín y León magno. En siglos posteriores dos de sus máximos exponentes fueron los escritores españoles Fray Luis de León y San Juan de Ávila. En España se encuentra el "Cementerio de Nuestro Padre Jesús," y en las iglesias orientales no es raro escuchar oraciones a "Cristo Padre."

Que la paternidad de Cristo haya sido tema hasta de la devoción popular medieval tardía se refleja, por ejemplo, en el Villancico Inglés del siglo XV *This Endris Night* [Esta Otra Noche], que pone estas palabras en los labios de María:

> My Son, my Brother, Father, dear,
> Why liest Thou thus in hay?
> My sweetest bird, thus 'tis required,
> Though Thou be King veray;
> But nevertheless I will not cease
> To sing, By by, lullay.

> [Mi hijo, mi hermano, Padre, querido,
> ¿Qué haces allí acostado, en la paja?
> Que así sea, mi más dulce pajarillo,
> si es eso lo que se requiere,
> Aunque tú seas el Rey verdadero.

International Catholic Review 36, no. 2 (verano 2009): 197–200. Para un estudio más completo ver Fernando Benicio Felices Sánchez, *La Paternidad Espiritual. del Sacerdote: Fundamentos Teológicos de la Fecundidad Apostólica Presbiteral* (San Juan, Puerto Rico: San Juan de Puerto Rico, 2006).

Mas sin embargo yo no dejaré de cantarte,
Calma, calma, duerme ya.]

Así pues, las alusiones a la paternidad de Cristo gozan de un reconocido, aunque quizás menos celebrado linaje en la tradición teológica.

Encarnando la Paternidad del Padre

La paternidad de Cristo es a la vez una representación visible y un agente de la paternidad de Dios Padre. A través de su Sagrada Humanidad, Cristo representa la paternidad de Dios de la manera más perfecta que cualquier otro ser. Así le dice a Felipe en el Última Cena: "El que me ha visto a mí, ha visto al Padre" (Juan 14, 9). Reflexionando sobre esta respuesta, Santo Tomás de Aquino comenta que dos personas pueden parecerse tanto que se puede decir: "Si viste a una, ves a la otra". Aun así en la semejanza humana, por mucho que se parezcan las personas, no dejan de ser individuos distintos. No obstante, la semejanza del divino Padre y Su Hijo eterno está en la misma naturaleza divina, a la cual el Hijo Encarnado está unido por la unión hipostática. Por lo tanto, Aquino concluye, "al ver al Hijo, el Padre se puede ver mejor que cuando se ven meras semejanzas humanas, por más que se parezcan estas".[3]

El reflejo del Padre se puede percibir en la vida de Jesús. Un aspecto sobresaliente de su ministerio fue su amor misericordioso, verdaderamente una marca distintiva de su representación de Dios Padre. Solo basta reflexionar sobre su extenso ministerio de sanación, su incansable compasión

[3] Santo Tomás de Aquino, *Super Evangelium S. Ioannis Lectura* (Roma: Marietti, 1972), 14, lec. 3.

por los pecadores y los oprimidos, y sus parábolas de misericordia, sobre todo su "Carta Magna" de la misericordia en la parábola del Hijo Pródigo. El teólogo jesuita Jean Galot conjetura que hay incluso una especie de carácter cuasi-sacramental impreso en el alma de Jesús, el cual le permite hacer visible de manera única a Dios Padre.[4]

La humanidad de Jesús no es solo representativa de Dios Padre: es en sí un instrumento de redención, que genera vida como Cabeza y Novio de la Iglesia. Así como Adán es el padre del género humano en la creación, así pues el Nuevo Adán es el padre del género humano en la re-creación, en la redención. Cristo mereció la gracia de la regeneración –renacimiento espiritual– en el Misterio Pascual, la fuente de su paternidad en el orden de la gracia. Como cabeza de la Iglesia, Cristo se convierte en "padre" –primero de María, luego de los apóstoles, luego de todos los discípulos a través de los siglos. Él invita a sus apóstoles a una comunión con él que refleja la unión que tiene con el Padre.

En la Última Cena, por ejemplo, Jesús asume el rol paterno en el ritual de la cena y le pide al Padre "que todos sean uno. Como tú, Padre, en mí y yo en ti" (Juan 17,21). En esa comunión él demuestra el amor, la compasión, la paciencia y la fecundidad que él luego les ordena a seguir a sus apóstoles. Como cualquier padre, su paternidad no termina con la generación de la vida misma, sino que incluye su alimentación, protección, enseñanza y los demás bienes que un padre provee.

Se comprende que Jesús, procurando afirmar y revelar la paternidad de Dios, no enfatizaría su propia paternidad. Él,

---

[4] Jean Galot, *Theology of the Priesthood*, trad. Roger Balducelli (San Francisco: Ignatius Press, 1984), 203-204.

sin embargo, describe con frecuencia su relación con la Iglesia como la de un Novio o Esposo en una forma que sugiere la paternidad.[5] En el evangelio de San Marcos, por ejemplo, cuando le preguntan a Jesús por qué sus discípulos no ayunan, él responde: "¿Por ventura los hijos de las bodas pueden ayunar, mientras que está con ellos el esposo?" (Marcos 2,19, vulgata).[6] La inferencia es que Jesús es el Esposo de la Iglesia porque él es primero un padre –los discípulos ya son "hijos del matrimonio" en el momento de las nupcias.

La proclamación de Cristo como esposo, en otras palabras, también contiene dentro de sí una declaración implícita de paternidad. Como el Nuevo Adán, está comprometido con la Nueva Eva, representada por María y cumpliéndose en su Novia o Esposa la Iglesia, que nació, como suelen decir los Padres, desde su costado en la Cruz. El sacrificio de Cristo es fecundo –es decir, paterno–, porque la gracia salvífica que él mereció en la Cruz se implanta en su Novia sin mancha, quien cría su linaje en el orden de la gracia.

La paternidad de Cristo, el Sumo Sacerdote célibe de la Nueva Alianza, proporciona la base y el molde para la paternidad célibe del sacerdote ministerial. También anticipa la extraordinaria centralidad de la paternidad del sacerdote en

---

[5] Ver Mateo 9,15; Mateo 25, 1–13; Marcos 2, 19-20; Lucas 5, 34–35; Juan 3,29.

[6] La versión King James es incluso más precisa que la de Douay-Rheims, traduciendo el griego (νυμφῶνος, nymphōnos) como "hijos del novio," aunque las traducciones más recientes en inglés tienden a convertirlo en "invitados a la boda," presumiblemente para evitar confusiones respecto a la imagen de un novio con hijos. Sin embargo, este cambio es lamentable, pues hay allí una verdad importante en la identificación explícita de los discípulos de Jesús como los "hijos del matrimonio [o del novio]."
[N. del Tr.: el comentario del autor acerca de la precisión en la traducción de la biblia DRA también aplicaría para la traducción al español del obispo De San Miguel, usada en el presente trabajo. Ambas traducciones son fieles al latín "filii nuptiarum," que es como se encuentra en la vulgata.]

la Santa Eucaristía. La propia paternidad de Cristo se deriva de su sacrificio vivificante en el Calvario, un amor que se vacía a sí mismo y que se refleja en su opción por el celibato. Así también la paternidad espiritual del sacerdote célibe. Su re-presentación en la Misa del sacrificio de Cristo es la fuente de la cual fluye su paternidad sacerdotal. El testimonio de amor indivisible –el de Jesús y de sus sacerdotes– también es, como veremos más adelante, uno de los argumentos más convincentes a favor de la sabiduría del celibato sacerdotal.

Capítulo uno

La paternidad sacerdotal

EL CARDENAL HENRY EDWARD MANNING, prelado inglés del siglo XIX, estaba convencido de la profunda importancia de la paternidad del sacerdote. El "título de padre es el primero, el principal, el mayor, el más fuerte, el más contundente, el más honorable de todos los títulos de un sacerdote," escribió el cardenal Manning. "Él puede recibir del mundo y de sus fuentes de honor muchos nombres, de las escuelas prestigiosas muchos títulos, de la ley eclesiástica muchas dignidades, pero ninguno tiene un sentido tan profundo y tan alto como el de padre." Y añade, notablemente: "Y nada, excepto la paternidad espiritual, pasará a la eternidad."[1]

Hoy día la paternidad sacerdotal no es ninguna sorpresa para la mayoría de los católicos. En países como los Estados Unidos nos dirigimos a nuestros sacerdotes como "Padre". La dificultad es comprender lo que significa esa paternidad. ¿De dónde viene? ¿Cuáles son sus deberes? ¿Cómo se ejerce? Como un científico que estudia los ríos primero debe entender la

[1] Henry Edward Manning, *The Eternal Priesthood* (Baltimore: John Murphy y Co., 1883), 30.

fuente de donde fluyen y la fuente de donde deriva su vigor, nuestra investigación sobre las diversas corrientes de la paternidad debe comenzar con la fuente de su vitalidad: en la mismísima Paternidad de Dios.

Dios Padre, origen de toda paternidad

Jesús le dijo a sus discípulos: "Ni llamen a nadie 'Padre' suyo en la tierra, porque uno solo es su Padre: el del cielo" (Mateo 23, 9). Estas palabras de las Escrituras a veces se emplean para proponer que la paternidad sacerdotal no es algo bíblico. Sin embargo, estas dan un claro testimonio de ello. Revelan la verdad profunda de que toda paternidad humana –aun la del sacerdote célibe– se basa en la propia paternidad de Dios del Hijo eterno, siendo el Padre la fuente de toda paternidad en el cielo y en la tierra, como San Pablo enseña a los efesios (ver Ef. 3:15, vulgata).

La teología trinitaria católica ha insistido a través de los siglos que los datos bíblicos de la relación filial de Jesús con su Padre deben aceptarse tal cual. El Hijo no es ni subordinado ni idéntico al Padre, sino verdaderamente su coeterno Hijo divino. "Este es mi Hijo amado," manifiesta el Padre tanto en el bautismo de Jesús como en su Transfiguración (Mateo 3:17, 17, 5; Marcos 9, 7; Lucas 3:22, 9,35). Jesús, por su parte, habla frecuentemente de su Filiación a la vez afirmando su propia Divinidad al instar a la fe en su persona, aceptando la adoración y el homenaje de los hombres, obrando milagros en su propio nombre y realizando acciones propios de la divinidad, como perdonar los pecados (por ejemplo: Mateo 9, 2, 15,25, 28,18; Marcos 8,38; Lucas 7,48; Juan 14, 1, 20,28; entre muchos otros). Una vez llegó a sorprender a sus oyentes al declarar, en el lenguaje distintivo de la divinidad, "En verdad, en verdad les digo: antes de que Abrahán existiera,

Yo Soy" (Juan 8,58). La expresión era tan inconfundible que intentaron apedrearlo en ese instante por esto. Jesús pues, es verdaderamente Hijo y verdaderamente Dios. Es fácil olvidar cuán radical es esa afirmación. Él es engendrado por el Padre de tal manera que la sustancia de Dios no se divide, al igual que un pensamiento es generado desde el intelecto sin dividir el intelecto.[2] La unidad sustancial del Padre y del Hijo es tan completa que no son simplemente de la misma especie, sino de hecho son de la misma forma. Dios Padre no es solo un Padre verdadero, Él es el *verdadero* padre ya que el Hijo es eterno, inmediato, y perfecto. Cualquier otro ejemplo de paternidad, incluyendo la paternidad de los hombres, es en comparación nada más que un leve eco de su fuente divina.

Paternidad creada

De esta paternidad primordial de Dios, una paternidad en cascada llega al mundo creado. Jesús les dice a los fariseos que Dios no es "un Dios de muertos, sino de vivos" (Lucas 20,38; Marcos 12,27). Dios se deleita en dar vida, el mundo natural simplemente abunda de ella. La gran variedad de plantas

[2] Santo Tomás explica que la semejanza del Hijo es precisamente la razón por la cual el Hijo es "engendrado," mientras que el Espíritu es "Espirado"*, lo cual es un acto de voluntad antes que del intelecto. Ver: Réginald Garrigou-Lagrange, *The Trinity and God the Creator*, trans. Frederic C. Eckhoff (St. Louis, MO: B. Herder Book Co., 1952), 66. Ver también: Tomás de Aquino, *Summa Theologiae*, trad. Padres de la Provincia Inglesa Dominica (Nueva York: Benziger Bros, 1948), I, q. 27, a. 5; Thomas Aquinas, *On the Truth of the Catholic Faith (Summa Contra Gentiles)*, libro IV: *Salvation*, trad. Charles J. O'Neil (Nueva York: Hanover House, 1955), IV, cap. 23, no. 12.
*[N. del T.: la traducción de la palabra "*spirated*" citada en el texto original es confrontada y confirmada con la obra del P. Garrigou-Lagrange (1942): *La Providencia y la Confianza en Dios*, p. 346 – Trad.: P. Jorge de Riezu, O F. M. CAP. Buenos Aires: Ediciones Desclée, de Brouwer.]

P. Carter Griffin

y animales lo atestiguan. Joseph Ratzinger, futuro papa
Benedicto XVI, describió la maravillosa superabundancia de
vida que está escrita en el libro de la naturaleza. "Abundancia",
escribe, "es el signo característico de Dios en la creación."[3]
Pero hay una cosa aún mayor que generar vida, y es la crear
a otros que generen vida. Dios no es solo un generador, sino
un generador de generadores. Él no es solamente un Padre,
sino un Padre de padres. Y así comienza la "cascada" de la
paternidad dentro del orden creado, comenzando con las
más grandiosa de las criaturas: los ángeles.

San Pablo habló de la paternidad creada "en *los cielos*
y en la tierra". (Ef. 3:15, vulgata, énfasis agregado), por lo
cual no es una exageración atribuirles una cierta paternidad
análoga a los ángeles a través de su oración intercesora y
amor protector. Aquino argumenta que cualquiera "que
induce a otro a un acto vital, pongo por caso, a una buena
obra, a entender, querer, amar, puede llamarse su padre. " Por
lo tanto, continúa él, "siendo así que entre los Ángeles unos
a otros se iluminan, perfeccionan y purifican, y éstos sean
actos jerárquicos, es claro que un Ángel es padre de otro,
como el maestro es padre del discípulo."[4]

En otra parte, Santo Tomás le atribuye a los ángeles el
papel de purificación, iluminación e instrucción, preparando
a los hombres para recibir gracias a través de sus iluminaciones
y, además, protegiéndolos como sus guardianes espirituales,

---

[3] Joseph Ratzinger, Introducción al cristianismo, trad. J. R. Foster (San Francisco: Ignatius Press, 1990), 197
[4] Santo Tomás de Aquino, Super Epistolam ad Ephesios Lectura (Roma: Marietti, 1953), 3, lec. 4.
[N. del T.: texto en español tomado de la traducción disponible del sitio web de la Congregación de la Santa Sede para el Clero: http://www.clerus.org/bibliaclerusonline/es/jof.htm#ao – Fecha de acceso: julio del 2019]

correspondiendo todo esto a funciones paternas.[5] El *Catecismo del Concilio de Trento* de forma conmovedora describe la asignación de los ángeles guardianes como una expresión del cuidado paterno de Dios por el hombre:

> Porque así como los padres cuando tienen que ir los hijos por algún camino arriesgado y peligroso, les ponen guardas para que los defiendan y ayuden en los peligros; así el Padre celestial en este camino que llevamos hacia la Patria Celestial, destinó a cada uno de nosotros Ángeles, con cuya protección y diligencia nos libertásemos de las emboscadas y lazos de los enemigos, rechazásemos las embestidas horribles que hacen contra nosotros, y siguiésemos con tan buenas guías el camino derecho; sin que trampa ninguna, armada por la falacia del enemigo pudiese extraviarnos del camino que guía al Cielo.[6]

Sin embargo, aunque los ángeles desempeñan muchas funciones de la paternidad, no pueden engendrar otros ángeles. En efecto, dado que el modo humano de engendrar es una aproximación más cercana a la Paternidad de Dios —engendrando a un Hijo de la misma naturaleza –, Aquino destaca la paternidad como una manera en la que el ser humano sobrepasa a los ángeles, quienes de otro modo

---

[5] Ver: Aquino, *Summa Theologiae* I-II, q. 112, a. 1, anuncio 3.
[6] Catecismo del Concilio de Trento, trad. John A. McHugh y Charles Callan (Fort Collins, CO: Roman Catholic Books, 2002), 502. [*N. del T.*: texto en español tomado de: Zorita, Agustín, OP (trad.), (1785), *Catecismo del Santo Concilio de Trento para los Párrocos*, p. 292, disponible en: http://cdigital.dgb. uanl.mx/la/1080043258/1080043258_MA.PDF – Fecha de acceso: julio del 2019.]

son superiores al hombre por naturaleza.[7] El ser humano, entonces, disfruta de la manifestación más elevada de la paternidad entre las criaturas, generando –de una manera aproximada a Dios mismo– personas racionales, hijos destinados para la vida eterna. La vocación humana de la maternidad y la paternidad cuenta con el privilegio de imitar la misma paternidad de Dios. Aun sin la ayuda de la revelación, la razón humana es capaz de percibir algo de la grandeza y dignidad de generar hijos. Pero con el beneficio de la revelación, sabemos que Dios interviene en la creación de un alma humana única e inmortal en cada persona, elevando la grandeza de la paternidad humana a una altura inconcebible.

Las Escrituras enfatizan que la paternidad humana proviene de la Paternidad divina. Al comienzo del Libro del Génesis, Dios dice: "Hagamos al ser humano a nuestra imagen, como semejanza nuestra" (Gen 1,26). Varios capítulos después, cuando Eva da a luz a su primer hijo, las Escrituras se enfocan en la comparación de la paternidad de Adán con la de Dios. "Tenía Adán 130 años cuando engendró un hijo *a su semejanza, según su imagen*, a quien puso por nombre Set" (Gén 5, 3, énfasis añadido). Está claro desde el principio de la Biblia que la paternidad del hombre engendra de una manera semejante a la generatividad de Dios. Cuando Dios hizo a Adán y a Eva y gravó en su ser el llamado a ser fecundos, en efecto estaba imprimiendo una parte de sí mismo en la humanidad. La generación humana no es simplemente un mecanismo de la procreación: es compartir la vida misma de Dios.

En el Nuevo Testamento el uso que hace Jesús de la

---

[7] Ver De Aquino, *Summa Theologiae* I, q. 93, a. 3.

palabra *Abba* (Marcos 14,36), normalmente utilizada en un íntimo contexto familiar, y su repetida referencia a su Padre (aparece 156 veces tan solo en el Evangelio de San Juan), enfatiza la similitud entre su Padre divino y padres humanos. Por ejemplo, en el Evangelio de San Lucas, Jesús hace una comparación directa entre la paternidad humana y la Paternidad divina cuando pregunta: "¿Qué padre hay entre ustedes que, si su hijo le pide un pez, en lugar de un pez le da una culebra; o, si pide un huevo, le da un escorpión? Si, pues, ustedes, aun siendo malos, saben dar cosas buenas a sus hijos, ¡cuánto más el Padre del cielo dará el Espíritu Santo a los que se lo pidan!"(Lucas 11, 11–13).

Esta es quizás la expresión más clara del vínculo entre paternidad humana y la divina; sin embargo, ya se mencionó la advertencia que Jesús le hace a sus discípulos: "ni llamen a nadie 'Padre' suyo en la tierra, porque uno solo es su Padre: el del cielo" (Mateo 23, 9). Dado que esta advertencia obviamente no puede negar la paternidad natural de los hombres —él mismo honra a los padres humanos y vivió bajo la obediencia a San José—, solo puede señalar entonces que la fuente de la paternidad es Dios, de la cual proviene toda paternidad humana.

Paternidad biológica y natural

La paternidad humana se encuentra de manera más inmediata y clara en la paternidad biológica. En la comunión de personas en la que un hombre y una mujer generan a un tercero, Dios entra en esa unión y crea algo que no existía antes, algo más allá de su capacidad de generar como pareja: un alma inmortal, racional y humana, destinada a la vida eterna.

La paternidad biológica es la base y el patrón para toda

la paternidad humana, la paternidad que el hombre posee de manera más completa y que se extiende más allá del acto físico de engendrar, hacia el cuidado, la orientación y la protección de su progenie. El hombre que, después de concebir un niño, lo abandona, sigue siendo un padre – por negligente que sea. No obstante, la paternidad del hombre no es simplemente biológica, no está prescrita simplemente a la existencia del hijo, sino a su desarrollo humano; no solo a su generación sino a su perfección natural. Para distinguirse de la paternidad *biológica*, a esta puede llamársele paternidad *natural*. Se alcanza cuando un hombre provee, guía, enseña y protege a su hijo o hija de cualquier peligro.

Se espera que un padre natural provea por las necesidades materiales de sus hijos, como su alimento, ropa, un techo y atención médica. A menudo es este deber fundamental lo que le da sentido al trabajo manual o profesional de un padre, que de lo contrario puede traerle poca satisfacción personal. Un padre también provee para los miembros de su familia dándoles una identidad cultural, un lugar en el mundo, un punto de referencia en la vida. La costumbre de que la esposa y los hijos reciban el apellido del hombre refleja esta función paterna. Es mi parecer que generalmente no se valora su papel de darle su identidad a la familia, aunque su importancia se aclara con su ausencia. La fragilidad emocional, la extrema rebeldía, la confusión psicológica y sexual, la obsesión de recibir afirmación constantemente y la falta de confianza en sí mismos, son situaciones que se ven seguido en niños y niñas por no tener a un padre que les dé la seguridad y estabilidad de una identidad familiar y personal, y también a menudo una identidad cultural y religiosa.[8]

---

[8] Ver Paul C. Vitz, "The Importance of Fathers: Evidence from Social Science"

Después de satisfacer las necesidades básicas temporales de los hijos, una responsabilidad clave de la paternidad natural es guiar y educar a sus hijos de una manera activa, sistemática y distintivamente masculina.[9] Los educa y los forma en la virtud y tiene una especial capacidad para fomentarles la auténtica libertad y su potencial para el amor sacrificado. Lo hace primeramente entrando en la "diada" de la relación madre-hijo para ayudar al niño a diferenciarse y distanciarse sanamente, de su madre. Un autor del tema de la paternidad escribe que donde "esta iniciativa es decisiva y a la vez atractiva, según la psicología del desarrollo, se fomenta una autonomía esencial de la madre y le ayuda significativamente a los hijos de ambos sexos a orientarse hacia el universo cultural fuera del hogar, con sus leyes y normas éticas".[10]

Dado que el vínculo de padre-hijo es la primera relación "social" que no se basa en el "vínculo primario" de madre-hijo, o en el "vínculo de pareja" de hombre-mujer, entonces

consultado el 11 de octubre del 2018, https://www.catholiceducation.org/en/controversy/marriage/family-decline-the-findings-of-social-science.html.

[9] Está más allá del alcance de este libro, pero entre los muchos estudios contemporáneos de las diferencias hombre-mujer, ver, por ejemplo: Simon Baron-Cohen's *The Essential Difference: Men, Woman, and the Extreme Male Brain*; De Michael Gurian *Boys and Girls Learn Differently!*; Leonard Sax 'Why Gender Matters*; Lewis Wolpert *Why Can't a Man Be More Like a Woman? Evolution of Sex and Gender*. Esta diferencia, por supuesto, se relaciona con la conversación sobre el sacerdocio masculino. Ver: Manfred Hauke, *Women in the Priesthood? A Systematic Analysis in the Light of the Order of Creation and Redemption*, trad. David Kipp (San Francisco: Ignatious Press, 1988), 94.

[10] John W. Miller, *Biblical Faith and Fathering: Why We Call God Father* (Nueva York: Paulist Press, 1989), 57. Ver también: William May, "The Mission of Fatherhood". *Josephinum Journal of Theology* 9, no. 1 (invierno-primavera 2002): 49; Walter J. Ong, *Fighting for Life: Contest, Sexuality, and Consciousness* (Ithaca, NY: Universidad de Cornell Press, 1981), 174-175; y Mónica Migliorino Miller, "The Gender of the Holy Trinity", *New Oxford Review* 70, no. 5 (mayo del 2003): 28.

este es, en cierto sentido, la base de todas las demás relaciones sociales.[11] Muchos perciben que la juventud de hoy se siente con el derecho a exigir cosas y con un egoísmo exagerado, afectándolos a un nivel desproporcionado. Esto puede deberse en parte a la negligencia de los padres de preparar los corazones de sus hijos para amar de una manera desinteresada que implique la entrega de sí mismos. Los buenos padres desean que sus hijos sean libres, que no dependan de él para siempre y que lleguen a ser padres generadores de sus propios hijos. Al abrir un espacio saludable entre niño y madre en el momento adecuado y de manera apropiada, el padre ayuda a su hijo o hija a comenzar a establecer sus propias relaciones personales con los demás. Él pone a su hijo o hija en un camino donde les nace la capacidad de entregarse a otro en un amor que sacrifica.

Además de proveer para sus hijos y guiar su desarrollo, un padre los protege de cualquier daño físico, mental o psicológico. Esta protección se dirige hacia el interior, sobre todo en el caso en el que se debe disciplinar a los hijos por su propio bien y orientar a la familia de una manera clara pero con mansedumbre. Junto con su esposa, aunque con un énfasis masculino, un padre tiene la obligación de corregir a sus hijos cuando lo sea necesario y ponerles límites apropiados a su comportamiento. Por medio de esta disciplina el padre protege a sus hijos de sus malas decisiones y los instruye en la virtud. Él tiene la tarea de ejercer una firme pero humilde autoridad que guía, alimenta y une.

Si bien los hijos (especialmente los más pequeños) respetan la autoridad legítima de su padre en cierta medida

[11] Ver: John W. Miller, "The idea of God as Father", en: *The Faith Factor in Fatherhood: Renewing the Sacred Vocation of Fathering*, ed. Don E. Eberly (Lanham, MD: Lexington Books, 1999), 208.

por temor, también les nace una base de respeto a la larga al ver la firmeza de su carácter en acción: su fortaleza moral, su visión para la familia y su sentido de responsabilidad. Lamentablemente, esto va contra muchos modelos de la paternidad en la actualidad, que son básicamente egoístas y narcisistas.[12] Cuando los hijos perciben que la autoridad de un buen padre no es egoísta sino que está en sintonía con sus necesidades y que se interesa por su familia, que no es violenta, ni vengativa, ni coercitiva o arrogante, aprenden que la autoridad y el poder de su padre, que es verdadera, es más aun humilde. A través de esa autoridad el padre protege de desordenes internos a su familia con amor, paciencia y compasión, y a la vez con una honesta claridad y, cuando es necesario, aplicando un castigo disciplinario. Como veremos, todas estas cualidades de la misión protectora de un padre natural también están presentes en la paternidad espiritual del sacerdote.

El papel protector del padre se practica hacía afuera cuando se dirige contra fuerzas externas amenazadoras para la familia, ya sean físicas o morales, como las ideologías perniciosas que reciben en la escuela, influencias culturales corrosivas y los peligros del Internet. El barón cuenta con una cierta cualidad de asertividad la cual todo padre de familia y educador puede afirmar. Un pensador conjetura que la producción de testosterona del embrión masculino, para contrarrestar el influjo de hormonas maternas, lo pone en una postura de resistencia desde las primeras semanas y meses de su existencia.[13] Desde los dos años de edad y

---

[12] Ver: Vitz, "The Importance of Father's: Evidence from Social Science", 16-17. También: Paul C. Vitz, "The Father Almighty, Maker of Male and Female" Touchstone 14, no. 1 (enero – febrero del 2001): 36.

[13] Ver Ong, *Fighting for Life: Contest, Sexuality, and Consciousness*, 68.

quizás antes, los jóvenes barones expresan socialmente este sentido de diferenciación ambiental y de conflicto, y tienden a desobedecer, a buscar pleito, a resistir la educación y a tartamudear (una señal de conflicto). Mientras que las mujeres tienden a internalizar información y entienden mejor los datos subjetivos, los hombres tienden a centrarse en la situación objetiva, categorizando, sistematizando y, cuando es necesario, modifican el medio ambiente. Como resultado, los hombres están mejor adaptados para enfrentar resistencia y las mujeres para ajustarse a las exigencias de una situación determinada.[14]

Esta mayor capacidad de conflicto en los hombres puede ser de gran importancia en el servicio a las familias. "Dios nos ha creado a los hombres para ser los que no damos a luz", escribe el profesor Anthony Esolen, "y quienes, por lo tanto, como hecho biológico bruto, son prescindibles. He ahí nuestra gloria y el reclamo que justamente hacemos sobre nuestras esposas. Un hombre es indispensable, por así decirlo, solo en la medida en que asume el peligro de liderar en la fe y en el amor. Tal hombre es consciente de su propia irrelevancia."[15] Cualquiera la causa, cuando esta orientación masculina hacia el conflicto se canaliza adecuadamente, el hombre se encuentra más capacitado para superar el medio ambiente y sus propios sentimientos –y sus debilidades– para defender a sus familias.

Estas tres características de la paternidad natural – el proveer, guiar y proteger –son esenciales para el florecimiento de los hijos. En un sentido más amplio,

---

[14] See Hauke, *Women in the Priesthood?*, 88–92.
[15] Anthony Esolen, "Over Our Dead Bodies: Men Who Willing to Lay Down Their Lives Are Truly Indispensable", *Touchstone* 19, no. 5 (junio 2006): 24.

también son una respuesta convincente a la empobrecida noción contemporánea de la paternidad que ya se describió en el prefacio de este libro. Lejos de ser superfluo, los padres son contribuyentes insustituibles a la tarea de la generación biológica y natural. Sin embargo, su pretensión a la grandeza todavía les espera. Aun cuando la paternidad biológica apunta más allá de sí misma a su realización en la paternidad natural, la paternidad natural también apunta más allá de sí misma para impartir vida en el orden de la gracia. Un niño, después de todo, no nace simplemente para esta vida temporal, no nace solo para disfrutar de los bienes de este mundo, sino también –y aún más– para disfrutar de los bienes imperecederos del cielo. Toda persona nace para la vida eterna. Padres y madres reciben el mérito normalmente por la vida natural de sus hijos, pero su mayor logro es fomentar en ellos su vida sobrenatural a través de la oración, sacrificio, enseñanza de la fe, dando ejemplo de discipulado cristiano, llevándolos a los sacramentos, formándolos en la virtud y guiándolos hacia Cristo. Esto es la paternidad sobrenatural, el tercer y más alto grado de la generación.

Paternidad sobrenatural

La dicha más grande de padres de familia no es simplemente ver a sus hijos felices en la tierra, es verlos felices para siempre en el cielo. Desde la perspectiva de la fe, entonces, transmitir la vida física solo tiene sentido si la vida más perfecta, moral y espiritual también se les transmite. Como el papa Pío XII señaló a los padres: "Vosotros sois así, siempre bajo la guía del sacerdote, los primeros y más próximos educadores y maestros de los hijos de Dios confiados y dados a vosotros. En la edificación del Templo de la Iglesia, hecho

no de piedras muertas, sino de almas que viven vida nueva
y celestial, vosotros sois como los precursores espirituales,
sacerdotes vosotros mismos de la cuna, de la infancia y de
la adolescencia, a quienes debéis dirigir al Cielo."[16] ¡Qué
diferente sería el mundo si cada padre cristiano entendiera
esto!

Indicios de la paternidad sobrenatural pueden notarse,
de hecho, en la estructura de la generación natural humana.
Después de todo, ningún ser humano, tiene el poder de
generar *ex nihilo* ("de la nada") un alma racional e inmortal.
Solo Dios puede hacer eso. Sin embargo, el fruto de la
generación humana *es* un ser con un alma racional e inmortal.
Asombroso como es, hay una intervención directa y creativa
de Dios *cada vez* que se concibe una creatura. Por eso
decimos que los animales se reproducen, pero, a diferencia
al hombre y a la mujer, no pro-*crean*. Es así que la mayor
realización de un hijo no será simplemente en el orden de la
naturaleza, como en el caso de los animales, pero en el orden
sobrenatural de la gracia. El acto único y creativo de Dios
en la generación de cada hijo humano es una declaración de
la responsabilidad suprema de los padres de preparar a sus
hijos para la vida eterna.

Hay otro elemento que apunta a la generación espiritual
en la transmisión de la vida natural. Los padres por sí
mismos no pueden crear un alma racional. Tan solo pueden
preparar la materia física para recibirla de Dios. Es lo mismo
con la generación espiritual: los padres no pueden "crear" la
vida de gracia en las almas de sus hijos, pero pueden, por así
decirlo, preparar el material de los corazones, las mentes y
las almas de sus hijos para recibir el regalo de la gracia, la

---

[16] Papa Pío XII, "Alocución a parejas casadas," 15 de enero de 1941

vida sobrenatural que Dios fervientemente desea darles.

Esta semejanza estructural entre la paternidad biológica y la paternidad natural, por un lado, y la paternidad sobrenatural por el otro, indican que hay otras comparaciones. En la generación sobrenatural, los padres cristianos inician a sus hijos en el camino de la fe a través del Bautismo, un "nuevo nacimiento" a una vida de gracia por medio de un ritual sacramental de agua que se asemeja al nacimiento físico. Después del nacimiento espiritual en el Bautismo, los padres hacen todo por criar a sus hijos en la fe de tal manera que también es paralela a su desarrollo natural. Al guiar y educar a sus hijos en la fe, en las palabras de San Juan Pablo II, los padres "son los primeros mensajeros del Evangelio ante los hijos", por que "llegan a ser plenamente padres, es decir engendradores no solo de la vida corporal, sino también de aquella que, mediante la renovación del Espíritu, brota de la Cruz y Resurrección de Cristo."[17] Educar a los hijos en la fe, orar y sacrificarse por ellos, alentarlos en una vida de oración, crecimiento en las virtudes teologales y protegiéndolos del daño espiritual, es la manera en que los padres son sobrenaturalmente generativos en las vidas de sus hijos.

La generación sobrenatural entonces se ejerce de manera poderosa por los padres naturales que entienden y toman en serio este papel. Sin embargo, así como se puede ejercer la paternidad natural sin la generación biológica (por ejemplo, siendo padres adoptivos, mentores y maestros), así también la paternidad sobrenatural. En cierto sentido, todo cristiano bautizado y definitivamente cada cristiano

---

[17] Papa Juan Pablo II, exhortación apostólica sobre el papel de la familia cristiana en el mundo moderno *Familiaris Consortio* (22 de noviembre de 1981) § 39.

adulto está llamado a generar vida sobrenatural según las circunstancias de su vida y vocación. Un voluntario de la parroquia enseñando la fe a los niños o a los candidatos en el Rito de la Iniciación Cristiana de Adultos (RICA), una mujer que lleva a sus nietos a visitar a los enfermos en sus vacaciones, un joven que ofrece sacrificios por aquellos alejados de Dios, y una tía que fervientemente ora para que sus sobrinos y sobrinas crezcan en su discipulado, son algunas de las diferentes formas en que los cristianos pueden ejercer la generación sobrenatural. Karol Wojtyla (luego el papa Juan Pablo II) lo vio como un llamado tan universal que identificó su ejercicio como un signo clave de la madurez espiritual de una persona.[18]

Así como los padres y las madres tienen papeles distintos y complementarios en la generación biológica y natural, así también de distintos y de complementarios son sus roles en la generación sobrenatural. Debe señalarse primero, que la distinción no es tan grande como lo es en la paternidad natural o, evidentemente, en la biológica. Sin embargo, la forma en que hombres y mujeres ejercen la gracia de la generatividad espiritual es diferente y conserva el patrón básico de la generación natural. La paternidad sobrenatural preserva las características particulares que definen su paternidad natural y, así también, la maternidad sobrenatural contiene las características de su maternidad natural. Una escritora señala el ejemplo de la Madre Teresa como imagen de una auténtica maternidad espiritual, que en su

---

[18] Ver: Karol Wojtyla, *Love and Responsibility*, trad. H. T. Willetts (Nueva York: Farrar, Straus, Giroux, 1981), 261.
[*N. del T.*: La edición en español de este trabajo se encuentra bajo el título: *Amor y Responsabilidad. Estudio de moral sexual*, trad. Juan Antonio Segarra, S. J. (España, Caparrós Editores S.L., 1981).]

profunda fecundidad no puede simplemente reducirse a una "Paternidad" con género neutral. Ella fue sobrenaturalmente generativa como *madre*.[19]

La paternidad sobrenatural tampoco se ejerce andróginamente, sino concretamente por un hombre. Por lo tanto, su generatividad característicamente activa, que inicia y se dirige hacia afuera está orientada para cumplir su papel de padre sobrenatural. Al tener que ser el proveedor, el guía y protector de la familia, estos deberes siguen siendo suyos en lo sobrenatural. Por lo tanto, tiene la responsabilidad particular de ejercer una autoridad humilde para alimentar la vida de la gracia en las almas de los miembros de su familia.

San Agustín y San Juan Crisóstomo identificaron a la familia como la "iglesia doméstica," una frase que ha surgido de nuevo últimamente, con el padre como sacerdote. Agustín sorprendió a su congregación cuando una vez se refirió a los padres de la comunidad como "mis compañeros obispos," y los exhortó a ser fieles a los deberes de su ministerio.[20] El padre debe tomar la iniciativa de brindarles oportunidades a sus hijos para alimentarse de la vida sacramental de la Iglesia, enseñándoles y guiándoles en la fe, y protegiéndoles contra las influencias perniciosas y los lobos que buscan devorar a su rebaño doméstico.

---

[19] Ver: Mary F. Rousseau, "Pope John Paul II's Letter on the Dignity and Vocation of Women: The Call to Communion", *Communio: International Catholic Review* 16, no. 2 (verano de 1989): 219–220.

[20] Citado en: Scott Hahn, "The Paternal Order of Priest", en *Spiritual Fatherhood: Living Christ's Own Revelation of the Father*. Tercer Simposio Anual sobre Espiritualidad e Identidad del Sacerdote Diocesano, 13-16 de marzo del 2003, ed. Edward G. Matthews (Emmitsburg, MD: Seminario Mount St. Mary's, 2003), 1. Ver también: Joseph C. Atkinson, "Paternity in Crisis: Biblical and Philosophical Roots of Fatherhood", *Josephinum Journal of Theology* 9, no. 1 (Invierno / Primavera 2002): 10.

Quizás la evidencia más irrefutable para lo distintivo de la paternidad sobrenatural del padre es su responsabilidad única de representar a Dios Padre ante sus hijos. Es un hecho de que la mayoría de los pequeños tienden a identificar a Dios con las características de su padre, especialmente su capacidad (o falta de la misma) para integrar el poder con un amor edificante.[21] Dios se ha revelado a sí mismo como Padre, y es lógico que la paternidad humana sea el lente por el cual la mayoría de los hijos lo perciben. Es "una carga asombrosa", escribe la profesora Janet Smith, "la de padres humanos darse cuenta que en gran medida ellos impactarán como sus hijos se relacionan con Dios, dependiendo como estos desempeñen su papel de padre".[22] Quizás el valor testimonial de la paternidad se note más en su ausencia, o en su distorsión, cuántos conciben una falsa imagen de Dios debido a figuras paternas ausentes o ineptas en sus vidas. Visto de una manera positiva, para muchos padres puede ser alentador saber que sus esfuerzos por ser dignos de su vocación producirán un tremendo fruto espiritual en los corazones y las vidas de sus hijos. Este último punto no puede ser más cierto que en lo que respecta a la paradigmática paternidad sobrenatural del sacerdote católico.

---

[21] Ver el interesante estudio de: Jane R. Dickie, Amy K. Eshleman, Dawn M. Merasco, Amy Shepard, Michael Vander Wilt y Melissa Johnson, "Parent-Child Relationships and Children's Images of God", *Journal for the Scientific Study of Religion* 36, no. 1 (marzo de 1997): 31–32. Joseph Kentenich reflexiona, por ejemplo, sobre la santidad del padre de Santa Teresa y su papel en su propio entendimiento de Dios; ver: Joseph Kentenich, Rediscovering the Father: Selected Texts for the Year of God The Father" (Mumbai, India: St. Paul Press, 1999), 87–90.

[22] Janet Smith, *The Fatherhood of God* (Denver, CO: manuscrito no publicado, 2000).

LA PATERNIDAD DEL SACERDOTE

El gran privilegio del sacerdote célibe es el de dedicar toda su vida al ejercicio de este tercer y más alto grado de la paternidad: la generación sobrenatural en el orden de la gracia. Ciertamente, algunos laicos fieles pueden dedicarse más plenamente al ejercicio de la paternidad sobrenatural, hasta renunciar por completo a la paternidad biológica y natural y aun así hacerlo con gran fecundidad. Así también algunos sacerdotes se encuentran profundamente inmersos en las exigencias de la paternidad natural, al comprometerse, por ejemplo, en las obras corporales de misericordia o la educación de niños. Los esfuerzos heroicos de San Juan Vianney, santo patrón de los párrocos, de alimentar, albergar, educar y proteger a sus amadas niñas huérfanas del colegio "La Providencia," por ejemplo, impulsaron a su biógrafo Abbé Trochu a señalar que "seguramente nunca hubo un mejor padre, ni uno más amado."[23]

Dado el empobrecimiento de la paternidad ya señalado anteriormente, la necesidad de que los sacerdotes ejerzan la paternidad natural puede ser hoy más urgente que nunca para llenar el vacío que dejan los padres biológicos ausentes o negligentes. Un psicólogo católico explica que tan solo un breve y regular contacto con un padre suplente firme, como un sacerdote, puede ser de enorme beneficio personal y emocional, especialmente para los barones.[24]

---

[23] Francis Trochu, *The Curé d'Ars: St. Jean-Marie-Baptiste Vianney* (Westminster, MD: The Newman Press, 1949), 209. Los sacerdotes católicos que están casados, por supuesto, también ejercen su paternidad biológica y natural en sus propias familias.

[24] Ver: Paul C. Vitz y Daniel C. Vitz, "Priest and the Importance of Fatherhood" *Homiletic and Pastoral Review* 109, no. 3 (diciembre del 2008): 20.

No obstante, además de estas circunstancias excepcionales, el sacramento del Orden se dirige principalmente a la generación sobrenatural en el orden de la gracia. Nos basaremos en el patrón de la misma paternidad de Cristo, que ejerce tanto como representante de Dios Padre como también instrumento de la paternidad de Dios. Para comenzar, vale la pena examinar la evidencia bíblica e histórica de la mera paternidad sobrenatural y en particular la de los sacerdotes.

Las Escrituras enfatizan de una manera particular la paternidad espiritual de Abrahán como el padre de todos los creyentes (Génesis 15, 5–6; Lucas 1,73, 16,24; Juan 8,39, 56; Hechos 7, 2; Rom. 4, 1, 9-18; Gálatas 3, 6–9; y otros más). José, el hijo de Jacob, recibió el título de "padre de Faraón" (Gén 45, 8) en un sentido espiritual. Moisés tenía una relación de paternidad espiritual con Josué, como la tuvo Elí con Samuel y Elías con Eliseo. Aun más, en el Antiguo Testamento la paternidad espiritual seguido está asociada con el sacerdocio. El profesor Scott Hahn argumenta que incluso Adán, el primer padre humano, fue "un sacerdote que compartía ciertos privilegios divinos: una criatura divinizada quien, a través de su labor sagrada, también es co-creador con Dios."[25] Después de la Caída, el trabajo sacerdotal de Adán siguió adelante en las cabezas de familias y se transmitió a los primogénitos. Cuando el sacerdocio de la Antigua Alianza fue transferido a Aarón y sus descendientes, la noción de paternidad aún perduraba entre los de la orden de levitas. Cuando un levita de Belén vino a la casa de Miká, este le suplicó: "Quédate en mi casa

---

[25] Scott Hahn, *Many Are Called: Rediscovering the Glory of the Priesthood* (Nueva York: Doubleday, 2010), 42.

y serás para mí un padre y un sacerdote» (Jueces 17,10).[26]

Dado este trasfondo del Antiguo Testamento, ni la noción de paternidad sobrenatural ni su asociación con el sacerdocio fue una novedad entre los discípulos de Jesús. Es verdad que Jesús tuvo cuidado de nunca referirse a sí mismo ni a sus apóstoles como "padre" ya que, como se señaló anteriormente, su misión fue precisamente revelar la paternidad de Dios. Además, su precaución resalta la fuente de toda paternidad en Dios. Nadie, ni siquiera el Hijo es padre como Dios Padre es padre. Todos los demás son "padres" solo en la medida en que comparten la paternidad de Dios.

A pesar de estas importantes referencias, el Nuevo Testamento ofrece bastantes pruebas que los primeros cristianos captaban muy bien la paternidad espiritual del hombre. San Juan les llama a los discípulos sus "pequeños" no menos de siete veces en su primera epístola.[27] San Pedro le llama a Marcos su hijo, aunque Marcos no es su hijo biológico (1 Pedro 5,13). San Pablo repetidamente usa el lenguaje de la paternidad sobrenatural para describir su relación con aquellos que ha engendrado en Cristo. Por ejemplo, la manera en que se dirige a los corintios: "No les escribo estas cosas para avergonzarlos, sino más bien para amonestarlos como hijos míos queridos. Pues aunque hayan tenido diez mil pedagogos en Cristo, no tienen muchos padres. He sido yo quien, por el Evangelio, los engendré en Cristo Jesús" (1 Cor. 4, 14-15). Pablo se llama a sí mismo el padre de Onésimo describiendo su trabajo con los tesalonicenses como el de un padre con sus hijos. Pablo les dice a Timoteo y Tito (cada uno por su parte) que son un "verdadero hijo en la fe," e incluso

---

[26] Los Danitas usan casi las mismas palabras nuevamente en Jueces 18,19.

[27] 1 Juan 2, 1, 12, 28; 3, 7, 18; 4, 4; 5,21. Ver también 3 Juan (v.) 4.

describe a su generación sobrenatural de los gálatas como un proceso doloroso de parto.[28] Nótese que las acciones de Pablo reflejan de una manera sobrenatural, la paternidad natural. Se ve a sí mismo como el que los genera a la nueva vida de fe, el que les da la sana doctrina e identidad eclesial, los guía en la instrucción moral y los protege de las enseñanzas erróneas. En todo el sentido de la palabra, San Pablo reconocía que era un padre espiritual en el ministerio sacerdotal que recibió de Cristo.

Estas percepciones de los primeros cristianos sobre la paternidad sobrenatural se desarrollaron aun más en el período patrístico. La paternidad espiritual se aplicó más prominentemente a los monjes del desierto que la practicaron a través de su caridad, su instrucción y su misericordia. También se usaba en referencia a sacerdotes seculares y especialmente a obispos. Se encuentran menciones explícitas de esto en los escritos de San Ignacio de Antioquía, el relato de la Pasión de las santas Perpetua y Felícitas, y la *Didascalia Apostolorum*, entre otros.[29] Los mismos no creyentes usaban el término para el clero cristiano. San Policarpo de Esmirna, discípulo de San Juan Apóstol, fue reprendido por una muchedumbre como "el maestro de Asia, el padre de los

[28] Flm. 10; 1 Tes. 2,11; 1 Tim. 1, 2; 2 Tim. 2, 1–2; Tito 1, 4; Gálatas 4,19. Existen diferencias identificables entre maternidad y paternidad sobrenatural, especialmente en la forma en que se ejercen, aunque se presenta una mayor superposición en la generación sobrenatural que en la maternidad y paternidad biológica. Por lo tanto, no es sorprendente que San Pablo use imágenes maternas para describir su trabajo de generación sobrenatural, aunque como hombre no es una madre sobrenatural sino un padre, como él mismo le dice a los Corintios.

[29] Ver: Fernando Benicio Felices Sánchez, *La Paternidad Espiritual del Sacerdote: Fundamentos Teológicos de la Fecundidad Apostólica Presbiteral* (San Juan, Puerto Rico: San Juan de Puerto Rico, 2006), 36–41.

cristianos".³⁰ La atribución de la paternidad espiritual a los sacerdotes también ocurre en muchos escritos patrísticos posteriores, más prominentemente en aquellos de los Santos Ambrosio, Efrén, Atanasio, Gregorio de Nisa, Jerónimo, Juan Crisóstomo, Agustín y Gregorio Magno, así como en la Regla de San Benito.³¹

Quizás debido a un enfoque cada vez más jurídico de la Orden Sacerdotal, en los siguientes siglos hubo menos énfasis en la paternidad de los sacerdotes y obispos, pero nunca se perdió por completo. Aquino por ejemplo, cita favorablemente a Orígenes y a Beda en sus observaciones sobre la paternidad espiritual de los sacerdotes y se refiere a la paternidad sacerdotal en sus comentarios sobre las epístolas Paulinas, también en su discusión sobre la virtud de la piedad en la *Summa Theologiae* y en otras partes. En la *Summa Contra Gentiles*, Aquino escribe que "así sucede también en la vida espiritual. Porque hay ciertos propagadores y conservadores de la misma, solo según el ministerio espiritual, al cual pertenece el sacramento del 'orden'; y también según lo corporal y espiritual juntamente, que se realiza por el sacramento del 'matrimonio'".³² Tres siglos después, San Juan de Ávila retomó el tema, y luego también el *Catecismo del Concilio de Trento* en el siglo XVI, la "Escuela Francesa" de pensadores, los Santos Juan Eudes y Jean-Jacques Olier en el siglo XVII, San Alfonso Liguori en

³⁰ Citado en: Hahn, *Many are called*, 78.
³¹ Ver: Henri De Lubac, *The Motherhood of the Church*, trad. Sergia Englund (San Francisco: Ignatius Press, 1982), 85–91. También: Felices Sánchez, *La Paternidad Espiritual del Sacerdote*, 46–59
³² Aquino, *Summa Contra Gentiles* IV, cap. 58, no. 6)
[*N. de. T.*: Texto en español tomado de la traducción de la obra disponible en: http://santotomasdeaquino.verboencarnado.net/capitulo-lviii-del-numero-de-los-sacramentos-de-la-nueva-ley. Fecha de acceso: agosto del 2019.]

el siglo XVIII, y San Juan Bosco, que se convirtió en un muy amado, y muy intencional, padre espiritual de innumerables niños abandonados en Italia en el siglo XIX.[33]

Con el tiempo se ha visto un resurgimiento semejante del uso del título "Padre" para los sacerdotes en la Iglesia latina. Comenzando en el siglo IV, fuera del mundo Bizantino, el título "Padre" comenzó a reservarse para ciertas personas de las metrópolis, como Roma, Alejandría y Cartago. Para el año 400, el Concilio de Toledo usó el título ("papa") solo para el Obispo de Roma, aunque de vez en cuando se usaba para otros obispos.[34] En el siglo XIII comenzó a usarse de nuevo sistemáticamente para las órdenes mendicantes y, más reciente, el mundo anglosajón ha aplicado el título a todos los sacerdotes, tanto diocesanos como religiosos. Se volvió costumbre primero en Irlanda y luego se extendió a otros países de habla inglesa a través de la influencia del cardenal Manning.[35]

Esta reapropiación de la paternidad sacerdotal, tanto en la teología como en el uso común, se extendió notablemente en el siglo XX. El Concilio Vaticano II, especialmente en los documentos *Lumen Gentium, Christus Dominus* y *Presbyterorum Ordinis*, comenta sobre la paternidad de los sacerdotes. Es común encontrar en las enseñanzas, homilías y escritos de los últimos papas, afirmaciones de la paternidad sacerdotal.[36]

[33] Ver: Felices Sánchez, *La Paternidad Espiritual del Sacerdote*, 62–78.
[34] Ver: Felices Sánchez, *La Paternidad Espiritual del Sacerdote*, 41.
[35] Ver: Jerome Rono Nyathi, "Priesthood Today and the Crisis of Fatherhood: Fatherlessness in Africa with Special Reference to Zimbabwe" (diss., Pontificio Universidad de Santo Tomás de Aquino, 2002), 49–50. Nyathi señala que fue el cardenal Manning, citado arriba, quien en tiempos recientes fue particularmente responsable por el uso del título padre para el clero diocesano y religioso (pág. 50).
[36] Ver: Sánchez, *La Paternidad Espiritual del Sacerdote*, 96-153. Las declaraciones

Un ejemplo notable, mientras la Segunda Guerra Mundial se desataba en Europa, el Papa Pío XII emitió un mensaje de radio conmovedor sobre la necesidad urgente en esos días difíciles, de la paternidad espiritual de los sacerdotes. "El párroco," dijo, "es pastor y padre: pastor de almas y padre espiritual. Siempre debemos tener en cuenta, amados hijos, que la acción de la Iglesia... no debe ser estéril sino, por el contrario, siempre vivificante, íntegra y eficaz. Debe enfocarse en asegurar que los hombres puedan vivir y morir en la gracia de Dios. Instruyendo a los fieles en el pensamiento cristiano, formándoles en el discipulado y en la imitación de Cristo, allanando la vía estrecha hacia el reino de los cielos y haciendo del nuestro un ambiente verdaderamente cristiano –esta es propiamente la misión del sacerdote como maestro, padre y pastor de su parroquia."[37]

Que el sacerdote ejerza la paternidad espiritual es importante y significativo pues, sin ser algo novedoso. Lo que ha que pasado desapercibido es cómo se vive esa paternidad, una pregunta a la que ahora nos dirigimos.

Revelando la paternidad del Padre

Jesús representa al Padre a través de su Sagrada Humanidad, como cuando le dice a San Felipe: "El que me ha visto a mí, ha visto al Padre" (Juan 14, 9). Jesús también es un instrumento de la paternidad de Dios principalmente a través de su perfecta conformidad a la Voluntad del Padre para la

---

de los Papas Benedicto XVI y Francisco sobre la paternidad sacerdotal serán citado en el curso de este trabajo.

[37] Papa Pío XII, "Discourse of His Holiness Pius XII to the Parish Priests of Rome and the Lenten Preachers," 6 de febrero de 1940 [*N. del tr.*: Fragmento traducido al español con base en la traducción al inglés presentada por el autor].

generación y la redención sobrenatural de la humanidad. Así mismo el sacerdote, conforme a Cristo, Cabeza de la Iglesia, el sacerdote ejerce la paternidad espiritual de estas dos formas: representa el rostro misericordioso del Padre, y es el instrumento para la generación de vida sobrenatural en las almas de sus hermanos y hermanas.

Aunque todos los bautizados deben ser representantes de la paternidad de Dios, particularmente a través de la virtud de la caridad por la cual revelan el rostro del Padre a la humanidad, el sacerdote lo hace de una manera única a través del carácter indeleble del sello que lo configura para actuar como el representante de Cristo y, por lo tanto, del Padre.

El Directorio para el Ministerio Pastoral de Obispos del 2004 enseña que el obispo, en la plenitud de la orden sacerdotal, es cabeza de la Iglesia "en el nombre del Padre, del cual transparenta su imagen".[38] Ese documento dice que, "la configuración a Cristo permitirá al Obispo corresponder con todo su ser al Espíritu Santo, para armonizar en sí los aspectos de miembro de la Iglesia y, a la vez Cabeza y Pastor del pueblo cristiano, de hermano y de padre, de discípulo de Cristo y de maestro de la fe, de hijo de la Iglesia y, en cierto sentido, de padre de la misma, siendo ministro de la regeneración sobrenatural de los cristianos".[39] Los sacerdotes también comparten este papel representativo, aunque en

---

[38] Congregación para los Obispos, *Directorio para el Ministerio Pastoral de los Obispos Apostolorum Successores* (Ciudad del Vaticano Estado: Libreria Editrice Vaticana, 2004), no. 56. [*N. del tr.*: Texto en español tomado del sitio web de La Santa Sede:
http://www.vatican.va/roman_curia/congregations/cbishops/documents/rc_con_cbishops_doc_20040222_apostolorum-successores_sp.html. Fecha de acceso: agosto del 2019.]

[39] Congregación para los Obispos, *Apostolorum Successores*, no. 33.

una Orden inferior. No hace falta decir que el sacerdote, siendo un reflejo de la paternidad de Dios también se manifiesta de forma negativa, por el devastador impacto de los abusos sexuales por parte del clero, que ha causado un daño incalculable a la fe de los creyentes en un Padre amoroso, cuya bondad esos sacerdotes habían sido llamados a representar.

No obstante, el sacerdote ejerce su paternidad más directamente a través de su conformidad con la misión redentora de Cristo, continuando su obra salvífica en la tierra. Esta es la paternidad "instrumental" del sacerdote, pues genera vida sobrenatural en las almas de los creyentes como un instrumento, no como su fuente y portador. Él es una causa secundaria de la obra redentora del Señor al transmitir vida a través de su identificación con Cristo, Cabeza de la Iglesia.[40] Ciertamente solo Cristo es Cabeza y solo él puede conferir el don divino de la gracia. Aun así, Cristo confirió a sus apóstoles y sus sucesores el poder de continuar su misión de reunir al Pueblo de Dios. Su ministerio sacerdotal está subordinado al de Cristo y, aun así, por elección divina, los sacerdotes están confirmados como sus agentes de la redención. Así como Cristo es el Nuevo Adán, Cabeza de la Iglesia y por lo tanto su padre, también el sacerdote ya conformado sacramentalmente a la misma Cabeza, realmente se le llama padre de los cristianos.[41]

Aunque la paternidad del sacerdote es principalmente sobrenatural, desde la perspectiva de la eternidad también es de cierta manera también física o "biológica." El P. Frederick

[40] José Granados, "Priesthood: A Sacrament of the Father", *Communio: International Catholic Review* 36, no. 2 (verano del 2009): 208.
[41] Ver Hahn, "The Paternal Order of Priests", 2.

Miller, teólogo y director espiritual para seminaristas, señala que dado que la paternidad espiritual del sacerdote está dedicada a la santidad de sus hijos, y la santidad está ordenada a la salvación y, finalmente a la resurrección del cuerpo, entonces la paternidad sacerdotal también incluye una especie de generación física por anticipado. Aplicando el conocimiento de la vida de San Juan Vianney, Miller escribe que, al restaurar la vida divina a las almas, el ministerio sacerdotal de Vianney

> aseguró la resurrección física de los muertos en el día del regreso de Cristo en gloria. En este sentido, la paternidad espiritual del sacerdote tendrá un efecto físico sorprendente en el Último Día. El día de su funeral, los no creyentes seguramente pensaron en Juan Vianney como un viejo solitario sin progenie, pero decenas de miles de sus hijos asistieron a su funeral y lloraron por el hombre que les había dado el don de la vida eterna en el bautismo o que la restauró, cuando se perdió por pecado mortal, en el sacramento de la penitencia. ¿Cuántos hombres y mujeres se levantarán de la tumba en el Último Día y entrarán en el Reino de los Cielos en carne y hueso, gracias al ministerio de San Juan Vianney? Cuando lo encuentren, lo llamarán Padre.[42]

El sacerdote en verdad engendra, en efecto, nueva vida. Él procrea, por así decirlo, en el orden de la gracia. Es una paternidad auténtica y no meramente metafórica. Uno puede objetar que el sacerdote no puede ser un padre "verdadero"

---

[42] Frederick L. Miller, *The Grace of Ars* (San Francisco: Ignatius Press, 2010), 60.

porque él mismo no puede generar gracia, vida sobrenatural, en las almas de su pueblo. Es cierto. Solo Dios puede hacerlo. Es por eso que la del sacerdote es una paternidad instrumental. Pero, como se señaló anteriormente, esto es cierto para toda paternidad humana. Los mismos padres biológicos son cooperadores con Dios. La unión sexual puede decirse que prepara el material, pero hombres y mujeres en sí mismos no tienen la capacidad para generar almas humanas por su cuenta, así como un sacerdote tampoco puede generar gracia. Un alma inmortal, racional y humana no la puede crear nadie más que Dios. El amor de Dios entra en una unión de pareja y la hace fructífera, y lo mismo es cierto con el ministerio del sacerdote. Su paternidad, como toda paternidad humana, es instrumental, una cooperación en la actividad de Dios y aun, como la paternidad biológica, no menos sublime o "verdadera". En efecto, aunque se reconoce que la paternidad biológica y natural siguen siendo la base y el modelo para toda paternidad humana, no obstante, dado que la generación sobrenatural es el grado más alto de la paternidad humana, entonces en cierto sentido un sacerdote es aun *más* padre que un padre natural, no menos. Incluso se podría argumentar que, si la paternidad del sacerdote no es una verdadera paternidad, ¡tampoco las demás!

Hacer hincapié en la paternidad sobrenatural de los sacerdotes puede parecer que debilite la afirmación común de que el sacerdote célibe está "casado" con la Iglesia. Después de todo, no es a Cristo como Novio a quien el sacerdote ontológicamente se conforma, sino a Cristo como Cabeza.[43] San Agustín fue de hecho reacio a llamar al sacerdote esposo de la Iglesia porque solo Cristo es su Novio. Él prefería

---

[43] Ver: CIC 1548.

comparar al sacerdote con San Juan Bautista, el "amigo" del novio.[44] Sin embargo, en cierto sentido se puede decir que el sacerdote desposa a la Iglesia, ya que su paternidad espiritual presupone la maternidad de la Iglesia. En su carta a los efesios, por ejemplo, San Pablo hace una comparación explícita de la Iglesia con la Novia de Cristo. A los gálatas escribe que la Iglesia es la Nueva Jerusalén y se refiere a ella con imágenes maternas (Gálatas 4, 26–27). En el Apocalipsis se habla de las "bodas del Cordero" a una esposa que "se le ha concedido vestirse de lino deslumbrante de blancura", que el escritor sagrado identifica con las "buenas acciones de los santos", es decir, de los miembros de la Iglesia (Ap. 19, 7–8).[45] Hay una larga tradición patrística y teológica de comentarios acerca del mismo tema. Es precisamente a través de esta maternidad de la Iglesia que la paternidad del sacerdote es fecunda, y en ese sentido él puede ser llamado su esposo. Como la primera Israel, en la familia de Dios que constituye la Nueva Israel la presiden los padres-sacerdotes —los apóstoles, sus sucesores y colaboradores sacerdotales–, como esposos fieles de su novia casta.

El ejercicio de la paternidad sacerdotal

El sacramento del Orden, según el Catecismo de la Iglesia Católica, "configura [a quien lo recibe] con Cristo mediante una gracia especial del Espíritu Santo a fin de servir de

[44] Ver: Andrew Cozzens, *"Imago Vivens Iesu Christi Sponsi Ecclesiae*: The Priest as a Living Image of Jesus Christ the Bridegroom of the Church through the Evangelical Counsels (diss., Pontificia Universidad de San Tomás de Aquino, 2008), 272–278.
[45] Ver: Efesios 5, 24–27. Por ejemplo, "Pero la Jerusalén de arriba es libre; esa es nuestra madre" (Gal 4,26). Ver también: Apocalipsis 3,12 y 21, 2, 9.

instrumento de Cristo en favor de su Iglesia. Por la ordenación recibe la capacidad de actuar como representante de Cristo, Cabeza de la Iglesia, en su triple función de sacerdote, profeta y rey" (CIC 1581). Ya que es la configuración del sacerdote a Cristo como Cabeza de la Iglesia lo que establece su paternidad sobrenatural, se deduce que este "triple cargo" de santificar, enseñar y pastorear proporcionan un marco a través del cual se puede explorar el ejercicio de la paternidad del sacerdote.

Munus sanctificandi

El primero de estos tres oficios por los cuales un sacerdote ejerce la paternidad es el *munus sanctificandi*, o el oficio de santificación, el cual practica en su ministerio sacerdotal y especialmente en su administración de los sacramentos. Debe reiterarse que Cristo es la causa principal de los sacramentos, mientras que el sacerdote es la causa instrumental –pero tal causalidad no deja de ser algo real. El sacerdote verdaderamente confiere vida sobrenatural en el Bautismo, la confirma y la fortalece en la Confirmación, la sana en la Confesión y en la Unción, y la dirige al bien común a través de la Orden Sacerdotal y al ser testigo en el Matrimonio.[46] Es sobre todo en la Eucaristía que el sacerdote ejerce objetivamente su vocación paterna, ya que como "fuente y cumbre" de la vida de la Iglesia, es también la mera fuente de la generación sobrenatural.

Por medio de la Eucaristía, el sacerdote "genera" a Cristo –cuya generación eterna por el Padre es el análogo principal de toda paternidad. San Juan Eudes escribió que hay tres

---

[46] Ver: Papa Pío XI, Carta Encíclica sobre el Sacerdocio Católico *Ad Catholici Sacerdotii* (20 de Diciembre de 1935), §§ 17-18.

generaciones del Hijo: su generación eterna por el Padre, la temporal en el vientre de María y la Eucarística por el sacerdote.[47] Esta fuente de su paternidad también sugiere una lección más personal, ya que es a través de una reverente y diaria celebración de la Eucaristía que el sacerdote toca estrechamente la fuente de su propia generatividad: la generación eterna y la temporal del Hijo. Como el papa Juan Pablo II predicó al clero italiano en 1984, para el sacerdote

> es la caridad eucarística la que renueva y fecunda diariamente su paternidad, lo que lo transforma cada vez más en Cristo y, como Cristo, lo convierte en pan de almas, su sacerdote, sí, pero también en su víctima, porque para ellos se consume voluntariamente, imitador de quien dio su vida por la salvación del mundo. En otras palabras, un sacerdote vale lo que vale su vida eucarística, especialmente su Misa. Misa sin amor, sacerdote estéril; Misa ferviente, sacerdote conquistador de almas.[48]

A través de la Misa el sacerdote se confirma como padre, visiblemente como Cabeza del Cuerpo, y transformado por gracia para vivir el fecundo sacrificio de Cristo en su propia vida sacerdotal. Por medio de la misma alimenta a su pueblo con el Cuerpo y Sangre del Señor. La celebración de la Eucaristía es realmente la fuente y cumbre no solo de la vida de la Iglesia, sino también de la paternidad sobrenatural del sacerdote.

---

[47] Ver: Felices Sánchez, *La Paternidad Espiritual del Sacerdote*, 70.
[48] Papa Juan Pablo II, "A Priest is as Good as His Eucharistic Life: Pope to Italian Clergy", 16 de febrero de 1984.

Munus docendi

El segundo oficio es el de enseñar y predicar: el *munus docendi*. "La voz del predicador", dice San Juan de la Cruz, debe poseer "virtud para resucitar al muerto de su sepultura."[49] Quizás el pensamiento del gran Carmelita podría expresarse aún con más precisión: la voz del predicador *sí* posee el poder de resucitar a los muertos, de dar vida. Incontables historias de conversión comienzan con la voz de un sacerdote. Este aspecto de la paternidad es en parte indirecto, ya que es a través de la prédica y la enseñanza que un sacerdote prepara almas para recibir los sacramentos, especialmente el Bautismo y la Eucaristía, que son en sí sobrenaturalmente fecundos. El Concilio Vaticano II enseñó que los no-cristianos "son atraídos a la fe y a los sacramentos de la salvación por el mensaje evangélico," mientras que en la misma comunidad cristiana "se requiere la predicación de la palabra para el ministerio de los sacramentos, puesto que son sacramentos de fe, que procede de la palabra y de ella se nutre".[50]

Más allá de preparar a las personas para recibir los sacramentos, la transmisión de la fe también es directamente algo generativo, semejante a la función de enseñanza de

---

[49] San Juan de la Cruz, "La subida del monte Carmelo", libro 3, cap. 45, en Las Obras Completas de San Juan de la Cruz, trad. Kieran Kavanaugh, TOC y Otilio Rodríguez, OCD (Washington, DC: ICS Publications, 1991), 349. [*N. del tr.*: Texto en español tomado de la traducción disponible en el sitio web Portal Carmilitano: https://www.portalcarmelitano.org/download/Subida%20del%20Monte%20Carmelo%20-%20San%20Juan%20de%20la%20Cruz.pdf, pp. 276-7. Fecha de accesso: agosto, 2019.

[50] Concilio Vaticano II, Decreto sobre el ministerio y la vida de los sacerdotes *Presbyterorum Ordinis* (7 de diciembre de 1965), § 4. [*N. del tr.*: Texto en español tomado de la traducción disponible en el sitio web de la Santa Sede: http://www.vatican.va/archive/hist_councils/ii_vatican_council/documents/vat-ii_decree_19651207_presbyterorum-ordinis_sp.html. Fecha de acceso: agosto 2019.]

la paternidad natural. "La doctrina sagrada," escribe Aquino, "comida y bebida, que al alma la embebe y la deja saciada; porque las otras ciencias alumbran con su luz el entendimiento, esta el entendimiento y el alma ... a quien refocila y da fuerza".[51]

Mucha gente hoy en día se queja de la predicación católica diciendo que es tristemente deficiente, y sin duda por lo regular es algo cierto y se debe remediar. Sin embargo, puede ser que tanto los predicadores como los oyentes a veces subestiman el poder del Espíritu para emanar vida hasta de las mismas homilías insípidas. La predicación puede ser poco inspiradora y aún así inspirar. A través de la predicación, *Lumen Gentium* señala, la Iglesia "engendra a una vida nueva e inmortal a los hijos concebidos por obra del Espíritu Santo y nacidos de Dios".[52] Así, al educar y formar a sus hijos espirituales en la fe, un sacerdote ejerce su paternidad de una manera poderosamente generativa.

Se dice que los sacerdotes "ejercen su paternidad con su voz," y San Pablo– como se citó anteriormente – nos da un ejemplo singular de esta paternidad espiritual en su primera carta a los corintios. "Pues aunque hayan tenido diez mil pedagogos en Cristo," escribe Pablo, "no han tenido muchos padres. He sido yo quien, por [la predicación] del Evangelio, los engendré en Cristo Jesús" (1 Cor. 4,15). Esta enseñanza puede llegar a ser, en cierto modo, físicamente generativa. Conozco parejas casadas que atribuyen la mera existencia

---

[51] Santo Tomás de Aquino, *Super Epistolam ad Hebraeos* (Roma: Marietti, 1953), 5, lec. 2)
[*N. del T.*: texto en español tomado de la traducción disponible en el sitio web de la Congregación de la Santa Sede para el Clero: http://www.clerus.org/bibliaclerusonline/es/jof.htm#ao – Fecha de acceso: agosto del 2019]

[52] Concilio Vaticano II, Constitución Dogmática sobre la Iglesia *Lumen Gentium* (21 de noviembre de 1964), § 64.

de uno o más de sus hijos al sermón de un sacerdote sobre la anticoncepción. ¡Una de estas parejas incluso le puso el nombre del sacerdote a dos de sus hijos!

El oficio de la predicación tendrá a veces un costo a nivel personal para el sacerdote, ya que la predicación clara y auténtica no siempre es bien recibida. No importa cuán cuidadosamente haya preparado su homilía, todo sacerdote fiel ha experimentado rechazo después de predicar un mensaje difícil. Sin embargo, solo la predicación valiente y clara alimentará a sus hijos con la plena riqueza del Evangelio. La enseñanza de todo buen padre es sensible pero también objetiva y fuerte, hasta cuando les cause pena, tristeza, o enojo por un momento a sus hijos.

La enseñanza es una de las maneras en que el sacerdote, por así decirlo, le infunde a la Iglesia las verdades del Evangelio. En efecto, no es demasiado sugerir que el impedir tal enseñanza es un tipo de anticoncepción espiritual, suprimiendo su propia fecundidad sobrenatural con la que está llamado a construir el Cuerpo de Cristo. El arzobispo Charles Chaput les recuerda a los sacerdotes que no hay "nada 'pastoral' en guardar silencio ante la maldad. No es caridad el dejar que alguien persista en un pecado grave, o en ayudar a las personas a buscar pretextos. Dios te ha confiado a sus propios hijos. Él te ha dado una parte de la autoridad que solo su Hijo posee."[53] Ejercer fielmente la autoridad para formar a nuestro pueblo en la verdad del Evangelio es uno de los más exigentes y gratificantes roles generativos de un sacerdote.

---

[53] Charles J. Chaput, "The Men He Intented: Claiming Our Vocations as Priests of Jesus Christs", consultado el 5 de octubre del 2018, https://www.catholicculture.org/culture/library/view.cfm? id = 7763.

Munus regendi

En tercer lugar, el sacerdote ejerce su paternidad a través del *munus regendi*, el oficio de pastoreo o gobierno. Este oficio es comparable a la paternidad "natural" identificada anteriormente en los roles del padre como proveedor, guía y protector. El sacerdote provee para su pueblo principalmente al administrar los sacramentos, sobre todo el Pan de Vida, el alimento espiritual para los hijos de Dios. Y a través de su intercesión sacerdotal en la oración también provee para su pueblo espiritualmente. Los padres del desierto tenían un gran concepto de esta función paterna de intercesión, que ha sido bien preservada dentro de la tradición monástica. El teólogo ortodoxo Kallistos Ware recuerda la visita de un estadounidense a un anciano en el Monte Athos. El estadounidense le preguntó al monje al final de su conversación si pudiera escribirle para pedirle más consejos. "No", le respondió el monje: "no me escriba, pero rezaré por usted". Ware relata el desánimo de su amigo, hasta que otro monje que había escuchado la conversación le comentó: "Debería de darle gusto que el *geronta* le prometió rezar por usted. Él no le dice esto a cualquiera. Su consejo es bueno, pero aun más sus oraciones."[54]

El sacerdote también provee espiritualmente para su pueblo a través de sus propios sacrificios, al igual que un padre natural provee por sus hijos a través del sacrificio personal. Es la responsabilidad de un sacerdote tener una vida ascética dinámica y la práctica de la mortificación personal. Estas mortificaciones pueden ser pequeñas renuncias durante el día ofrecidas para las necesidades de su comunidad y las

---

[54] Kallistos Ware, *The Spiritual Father in St. John Climacus and St. Symeon the New Theologian* (Kalamazoo, MI: Publicaciones cistercienses, 1989), 303.

suyas. También deberían incluir mortificaciones mayores, incluyendo el ayuno y otras mortificaciones corporales, cuyos frutos los confirman los testimonios de innumerables santos a lo largo de los siglos.

Hoy se ha presentado un nuevo tipo de sacrificio para sacerdotes en muchas partes del mundo al vivir bajo una nube de sospecha, la cual no merecen, debido a los atroces pecados sexuales de sus hermanos sacerdotes. Cada sacerdote ciertamente tiene un derecho (y generalmente un deber, por el bien de su rebaño) de proteger su buen nombre y de negar falsas acusaciones en su contra. Sin embargo, por lo regular, no son solo falsas acusaciones las que los sacerdotes deben soportar, sino una desconfianza implícita dirigida a todos ellos. Para un hombre que ha aceptado el sacerdocio para dar su vida por los demás, estar bajo esa nube de sospecha es realmente un sufrimiento, par más que sea lo propio del sacerdote imitar a Cristo en el sufrir por los pecados de los demás. Es un sacrificio que, cuando se ofrece voluntariamente al Señor, puede rendir tremendas gracias para su pueblo y para sí mismo.

Además de proveer para sus hijos a través de los sacramentos, la oración y el sacrificio personal, un sacerdote es un guía y maestro de su rebaño a través de su predicación e instrucción catequética. Esto no se hace solo con palabras. A veces su sermón más poderoso es su testimonio del amor paterno de Dios. El corazón de un sacerdote fiel se expande con una profunda y auténtica sensibilidad y compasión por su pueblo, especialmente cuando están sufriendo. Las preocupaciones de sus hijos son sus preocupaciones, sus cargas son las suyas, sus alegrías son las de él. Con el discernimiento de un padre, sabrá cuándo consolar, cuándo alentar y cuándo corregir. Compartiendo la misión universal de la Iglesia, el sacerdote está infundido con un amor sin límites. Dentro de esta amplitud de amor, un sacerdote reservará una parte especial de su afecto paterno para quienes más lo necesitan: los pobres, los jóvenes, los enfermos y moribundos y abandonados, los sacerdotes y religiosos, las parejas casadas y las familias.

Cuando uno de su rebaño se desvía, hace todo por restaurarlo a la gracia, y en su reconciliación el sacerdote será un testigo poderoso del misericordioso perdón y amor de Dios. San Juan de Ávila, autor del siglo XVI que habló y escribió extensamente sobre el sacerdocio, escribe conmovedoramente sobre su lucha constante y muchas veces desgarradora por las almas de sus hijos, con lágrimas y vigilancia incesante. Cuando uno de ellos se pierde, "no se compara con ningún otro sufrimiento. No creo," dice el santo, "que Dios haya dejado en este mundo cualquier otro tipo de martirio tan triste como el del tormento por la muerte de un hijo en el corazón de aquel que es verdaderamente su padre."[55] No hay prueba más elocuente del corazón paternal de un sacerdote que la angustia que experimenta al perder a uno de los "pequeños" confiados a su cuidado.

La paternidad espiritual no sabe nada de relaciones "oficiales" del clero. El sacerdote es ordenado para reflejar el amor del Padre no de manera abstracta ni genérica, sino individual, imitando el amor personal de Dios hacia el ser humano. El sacerdote puede encontrar formas de revelar su amor paterno no solo en su ministerio pastoral ordinario,

---

[55] Juan de Ávila, "Carta 1, Un Predicador", en *Obras Completas del Santo Maestro Juan de Ávila*, ed. Francisco Martín Hernández, vol. 5 (Madrid, España: Biblioteca de Autores Cristianos, 1970), 21.
[*N. del tr.*: Fragmento traducido al español con base en la traducción al inglés presentada por el autor].

sino en sus encuentros casuales del día a día.

Como todo buen padre, un sacerdote guía y enseña a sus hijos de tal manera que llegan a crecer a una autonomía saludable y una libertad madura como hijos de Dios, especialmente libres de dependencias falsas y desordenadas. La verdadera *paternidad* está diametralmente opuesta al *paternalismo* que mantiene a los niños dependientes e inmaduros. Así como en el reino natural donde los buenos padres crían a sus hijos para hacer de ellos adultos fuertes y libres, capaces de ser padres y madres generosos, así también en el reino de la gracia. Los buenos padres sobrenaturales forman a sus hijos para ser cristianos maduros, capaces de asumir los deberes que cumplirán en su vocación cristiana, ya sea clerical, religiosa o laica, y con autonomía propia. Como los mejores padres cristianos, el sacerdote a final de cuentas no forma "hijos" co-dependientes, sino hermanos y hermanas en Cristo, herederos con él del Reino preparado por el Señor, en el cual la única jerarquía será la de la santidad.

Tal visión de la paternidad exige humildad y desapego por parte del sacerdote. Su paternidad es siempre una paternidad derivada y, por lo tanto, sus hijos al final no son *suyos*, sino de Dios. Por lo tanto, el sacerdote debe estar siempre atento de mantener un desapego sano de cualquier deseo de controlar o manipular a los que están bajo su cuidado. En particular, como padre el sacerdote resistirá cualquier tentación de utilizar su ministerio para satisfacer sus propias necesidades emocionales. Como todos, a veces podemos apegarnos a aquellos a quienes servimos. El ministerio sacerdotal exige una cierta magnanimidad y libertad de espíritu, la capacidad de entregarnos generosamente a quienes están bajo nuestro cuidado sin esperar nada a cambio.

Finalmente, un sacerdote ejercita el *munus regendi* como

el protector de la familia, un deber que, como un padre natural, está dirigido tanto interna como externamente. Internamente, la función protectora del sacerdote incluye la responsabilidad de exhortar y corregir a sus hijos espirituales cuando sea necesario. Aunque esto incluye la predicación y la enseñanza del *munus docendi*, particularmente las verdades morales, también abarca el papel más formal de establecer límites familiares y jurídicos para el comportamiento y la administración de su parroquia. Ejercer este aspecto de la paternidad no es fácil. El arzobispo Paul Coakley señala que puede haber una tentación por parte de muchos padres de "pretender ganarse a sus hijos con todo lo que el dinero les pueda comprar, o abdicando su autoridad al ser menos exigentes y así congraciarse más con sus hijos. Los sacerdotes, como padres espirituales, pueden cometer el mismo error."[56]

Cuando una minoría imponente quiere forzar una agenda a través del consejo parroquial, por ejemplo, es el pastor quien asegura que otros miembros no se queden callados. Cuando un empleado de la parroquia socava la misión parroquial a través de un chisme o detracción, es el pastor quien debe intervenir. Cuando los feligreses están tentados a "aliarse" con un sacerdote contra otro, les corresponde a los sacerdotes asegurarse que los espíritus de la envidia y la división no comprometan la unidad de la parroquia. Quizás muchos sacerdotes se mantienen al margen de este aspecto de su paternidad no querer adoptar el método excesivo, hasta caprichoso que a veces caracteriza la autoridad sacerdotal del pasado. Los sacerdotes son ministros de

Dios, no amos de su pueblo, y su autoridad debe ejercerse con mansedumbre, humildad y compasión. Un sacerdote es un padre y un hermano para sus compañeros cristianos. Sin embargo, precisamente como ministro de Dios, sigue siendo la responsabilidad del sacerdote representarlo fielmente al exhortar y corregir a otros cuando sea necesario.

Externamente, un sacerdote ejerce su papel protector como padre espiritual defendiendo la fe y a los fieles con sus palabras y acciones. A veces un sacerdote-padre debe adoptar una postura más firme cuando los errores doctrinales y los peligros morales amenazan a su rebaño. Muchas de las grandes herejías que enfrentó la Iglesia a través de los siglos, especialmente las ramas del gnosticismo como el maniqueísmo y el catarismo, en realidad fueron importadas de la misma cultura. Pusieron en peligro la integridad de la fe y condujeron a muchos por mal camino. Hoy, las amenazas doctrinales externas tienden a ser más antropológicas, como la confusión y la disidencia sobre la naturaleza y la dignidad del hombre, la sexualidad, género, el matrimonio y la familia. Estos errores –que son simplemente productos del gnosticismo– están causando un gran daño en la Iglesia y en el mundo. Están alejando a muchas almas de Dios. En efecto, estas divisiones culturales también están provocando amenazas externas más explícitas contra la Iglesia, como las recientes atropellos contra la libertad religiosa y los esfuerzos de los gobiernos seculares por restringir toda actividad religiosa al culto privado. Los sacerdotes valientes deben continuar al frente de estas líneas de las batallas culturales, sea cual sea el costo personal.

Los sacerdotes están a la vanguardia de la lucha espiritual cósmica y se les han dado armas con las cuales enfrentar la "enormidad de la maldad," y alentar y fortalecer al pueblo de Dios para que, en las palabras de Scott Hahn, "los soldados de Cristo puedan vivir para luchar un nuevo día."[57] El sacerdote debe prepararse para defender la fe contra los errores que puedan seducir a su pueblo y a sus familias, y para contrarrestar esos errores con sus oraciones, sacrificios y una visión convincente y vigorizante del catolicismo. Al concluir el Año de los Sacerdotes, el papa Benedicto XVI habló sobre este difícil servicio de amor protector:

> el pastor necesita la vara contra las bestias salvajes que quieren atacar el rebaño; contra los salteadores que buscan su botín. Junto a la vara está el cayado, que sostiene y ayuda a atravesar los lugares difíciles. Las dos cosas entran dentro del ministerio de la Iglesia, del ministerio del sacerdote. También la Iglesia debe usar la vara del pastor, la vara con la que protege la fe contra los farsantes, contra las orientaciones que son, en realidad, desorientaciones. En efecto, el uso de la vara puede ser un servicio de amor. Hoy vemos que no se trata de amor, cuando se toleran comportamientos indignos de la vida sacerdotal. Como tampoco se trata de amor si se deja proliferar la herejía, la tergiversación y la destrucción de la fe, como si nosotros inventáramos la fe autónomamente. Al mismo tiempo, sin embargo, la vara continuamente debe transformarse en el cayado del pastor, cayado que ayude a los hombres a poder caminar por senderos difíciles y seguir a Cristo.[58]

---

[57] Hahn, *Many Are Called*, 92, 95.
[58] Papa Benedicto XVI, "En los sacerdotes, la audacia de un Dios cercano a

Es en momentos de gran prueba que un sacerdote fiel se muestra a sí mismo, no como asalariado sino como un verdadero pastor. Al igual que Moisés, está llamado a permanecer en la brecha, colocándose como el Buen Pastor entre su gente y cualquier peligro que pueda amenazarlos, defendiéndolos del error y la confusión y de las amenazas, aunque le cueste la vida.

La paternidad del sacerdote pues, no es simplemente una conclusión desprendida dentro de la teología, sino la sustancia y la experiencia de vida de cada sacerdote. Participa en la paternidad de Dios y, como toda paternidad humana, cumple el llamado universal del hombre a dar vida y promover esa nueva vida hacia la madurez. El ministerio del sacerdote en efecto, se ordena hacia el más alto grado de la paternidad humana, una paternidad sobrenatural en el orden de la gracia. A través de su conformidad con Cristo la Cabeza, el sacerdote es capaz de ejercerla en la triple *munera* de santificador, maestro y pastor. Esta paternidad es la dicha y el privilegio de cada sacerdote, un objetivo al cual puede dirigir su vida, todos los días. Teniendo en cuenta esa visión de la paternidad sacerdotal, ahora podemos considerar el papel del celibato en acción.

nosotros: misa en Plaza de San Pedro para la clausura del año sacerdotal", 11 de junio del 2010.

Capítulo dos

El celibato sacerdotal

EN EL LIBRO DEL GÉNESIS, cuando el gran patriarca Abrán todavía no tenía hijos, el Señor lo llevó afuera y le dijo: "'Mira el cielo, y cuenta las estrellas, si puedes contarlas.' ... "Así será tu descendencia". Y creyó él en el Señor; el cual se lo reputó por justicia" (Génesis 15, 5-6). En Abrán se descubre una bella imagen del sacerdote célibe quien, aunque aparentemente sin descendencia, está llamado a generar innumerables hijos en el Señor. Pero hay otra característica de esta historia que a veces pasamos por alto y que ha sido señalada por los eruditos de las Escrituras. Usualmente nos imaginamos a Abrán saliendo, mirando arriba en el cielo nocturno y viendo el océano de estrellas y siendo incapaz de "contarlas" debido a su gran número. Sin embargo, seis versículos después, leemos "cuando estaba ya el sol por ponerse". Abrán miró hacia el cielo a plena luz del día y por eso no podía contar las estrellas –porque no podía verlas. Su fe, que le fue acreditada como justicia, era la fe de saber que Dios produciría de él innumerables hijos, hijos que aún no podía ver. No podía ver las estrellas con los ojos del cuerpo, pero podía ver a sus hijos con los ojos del alma.

En esta poderosa imagen de la fecundidad del celibato, nacida de la fe, podemos comenzar a visualizar más claramente el don de la paternidad sacerdotal célibe.

El celibato y la paternidad sobrenatural

En su encíclica de 1935 titulada *Ad Catholici Sacerdotii*, el papa Pío XI cita un poema de San Efrén Sirio a un obispo llamado Abrahán:

> Bien te cuadra el nombre, Abrahán, porque también tú has sido hecho padre de muchos; pero no teniendo esposa como Abrahán tenía a Sara, tu rebaño ocupa el lugar de la esposa. Cría a tus hijos en la fe tuya; sean prole tuya en el espíritu, la descendencia prometida que alcance la herencia del paraíso.[1]

Pío XI aludía a una antigua comprensión del celibato apostólico ordenado a la generación sobrenatural, cuyas raíces se pueden encontrar en la manera en que son tratadas en el Antiguo Testamento la fertilidad, la esterilidad y la virginidad y su cumplimiento en la Nueva Alianza. Comenzando con el mandato de Dios para Adán y Eva de "sed fecundos y multiplicaos" (Génesis 1, 28), la seguridad de descendencia se constituía como uno de los indicadores claves de una alianza divina, particularmente con la promesa de un futuro Mesías, entre los descendientes de Israel. Antes de Cristo la esterilidad era vista como una maldición o como una condición para que Dios revelara su poder, transformándola en fecundidad.

---

[1] Papa Pío XI, Carta Encíclica sobre el Sacerdocio Católico *Ad Catholici Sacerdotii* (20 de diciembre de 1935), § 35.

Así, volviendo al ejemplo de Abrán, un nombre hebreo que significa "Padre Exaltado," el patriarca todavía no tenía hijos a la edad de cien años cuando recibió un nombre aún más incongruente: *Abrahán*, que significa "Padre de una Multitud de Naciones". Como Scott Hahn plantea, para un hombre de la edad de Abrahán sin progenie, tal nombre debe haber provocado el ridículo. "Estoy seguro que su nuevo nombre no le hizo la vida más fácil al viejo Abrahán," comenta Hahn, "mientras pasaba en medio de la crueldad de sus vecinos chismosos."[2]

Con el tiempo, sin embargo, la promesa de Dios se cumplió y los descendientes físicos y espirituales de Abrahán realmente florecieron, incluso hasta nuestros días – incluso para nosotros. Por el poder de Dios la esterilidad humana de Abrahán fue colmada de una fecundidad asombrosa, tanto natural como sobrenatural y, por lo tanto, se convirtió en un símbolo del Antiguo Testamento que anticipa la fecundidad de la virginidad en la Nueva Alianza.

La primera línea del Nuevo Testamento, de hecho, es una referencia a la fecundidad de Abrahán. Jesús es llamado el "hijo de Abrahán," y atrayendo para sí todas las naciones, judíos y gentiles por igual, Dios cumple su promesa a Abrahán y afirma la verdad literal de su nombre. La "Esterilidad Fecunda" es por tanto transformada en el Nuevo Testamento en una "virginidad fecunda," elegida conscientemente, comenzando con la virginidad de María, José, Juan el Bautista y, por encima de todos, la de Jesús mismo. Un teólogo identifica este cambio de enfoque de la fecundidad de la carne a la fecundidad del espíritu como uno de los "puntos de in-

---

[2] Scott Hahn, *Many Are Called: The Greatness of the Priesthood* (Nueva York: Doubleday, 2010), 123.

flexión" claves en la historia de la salvación.[3]

En el Antiguo Testamento, argumenta Santo Tomás de Aquino, era necesario que los fieles engendraran físicamente para marcar el comienzo de la Era Mesiánica. Añade que "el consejo de observar continencia perpetua," por consiguiente, "se reservó para los tiempos del Nuevo Testamento, cuando el pueblo fiel se multiplica por la generación espiritual".[4] Así, cuando Jesús exalta que "hay eunucos que se hicieron tales a sí mismos por el reino de los Cielos," y declara que "quien pueda entender, que entienda" (Mateo 19,12), Él está enfatizando su finalidad sobrenatural, su fecundidad en la generación espiritual. De hecho, algunos versículos después, Jesús afirma que aquel que haya "dejado casas, hermanos, hermanas, padre, madre, hijos, hacienda por mi nombre, recibirá el ciento por uno y heredará vida eterna" (Mateo 19,29)[5] – un "ciento por uno" que algunos autores atribuyen a la fecundidad superabundante de la generación virginal.[6]

Debe reconocerse que este sustento bíblico de la fecun-

---

[3] Ver: Thomas McGovern, *Priestly Identity: A Study in the Theology of Priesthood* (Dublín, Irlanda: Four Courts Press, 2002), 102.

[4] Tomás de Aquino, *Sobre la verdad de la fe católica (Summa contra gentiles) Libro III: Providence*, trans. Vernon J. Bourke (Nueva York: Hanover House, 1955), III, cap. 136, no. 15.
[*N. del tr.*: Texto en español tomado de la traducción del documento disponible en el sitio web: http://santotomasdeaquino.verboencarnado.net/capitulos-cxxxvi-y-cxxxvii-error-de-los-que-impugnan-la-continencia-perpetua/. Fecha de acceso: agosto del 2019.]

[5] Es interesante que en los pasajes de Lucas paralelos a este texto de Mateo (Lucas 18,29), dejar "esposa" también se incluye en la lista, como para enfatizar en las dos versiones que el celibato significa renunciar a la esposa e hijos en el orden natural, pero recibiéndolos nuevamente en el "ciento por uno" incluso en esta vida (ver también: Marcos 10,29).

[6] Ver: Réginald Garrigou-Lagrange, "La Virginité Consacrée à Dieu: Selon Santo Tomás ", *Vie Spirituelle* 10 (1924): 537–538. Ver también: Jean Galot, "La Motivation Évangélique du Célibat ", *Gregorianum* 53, no. 4 (1972): 747.

didad sobrenatural del celibato no se relaciona directamente con el ministerio sacerdotal en sí, como se han apresurado a señalar varios apologistas no–católicos. Tampoco otros pasajes de las Escrituras a menudo citados para defender el celibato incluyen referencias explícitas al ministerio, como por ejemplo el consejo de San Pablo a los Corintios que "digo a los célibes y a las viudas: Bien les está quedarse como yo" (1 Cor 7, 8). De hecho, los mandatos de San Pablo a Timoteo y Tito sobre el deber de un obispo de estar "casado una sola vez" (1 Tim. 3, 2; Tito 1, 6), a menudo se mencionan como pruebas definitivas de que el ministerio no estaba asociado con el celibato en la era apostólica. Sin embargo, aunque se reconoce que la Iglesia desarrolló la comprensión del sacerdocio célibe a través del tiempo, no significa de ninguna manera que estos textos descarten la temprana adopción cristiana del celibato ministerial o la continencia perpetua. Después de todo, San Pablo también insiste en que una viuda que recibe apoyo de la Iglesia sea "casada una sola vez" (1 Tim. 5, 9). Claramente, como ella es viuda, San Pablo obviamente no quiere decir que ella esté casada actualmente, sino que ha renunciado a cualquier oportunidad de casarse otra vez. Así, las declaraciones de San Pablo sobre obispos y diáconos probablemente se refieren a su renuncia a contraer un nuevo matrimonio de haber estado casados con anterioridad, o de haber quedado viudos.[7] Esta, en cualquier caso,

---

[7] Ver: Stanley L. Jaki, "Man of One wife or Celibacy", *Homiletic and Pastoral Review* 86, no. 4 (enero de 1986): 18-20. Ver también: J. Francis Stafford, "The Eucharistic Foundations of Sacerdotal Celibacy", *Origins* 23, no. 12 (septiembre 2, 1993): 213. Una sinopsis útil de las diversas teorías relacionadas con el término "casado una sola vez" se puede encontrar en: Joseph T. Lienhard, "Origins and Practice of Priestly Celibacy in the Early Church", en *The Charism of Priestly Celibacy: Biblical, Theological, and Pastoral Refelctions*, ed. John C. Cavadini (Notre Dame, IL: Ave Maria Press, 2012), 51–53.

fue la interpretación de la Iglesia de estos pasajes al menos desde la época del papa Siricio (siglo IV) hasta los tiempos modernos.[8] Lo que definitivamente puede decirse es que los textos ambiguos de San Pablo no contradicen sus otras claras declaraciones a los corintios sobre el valor del celibato o el testimonio del celibato, ni la enseñanza del mismo Jesús. Incluso pueden reforzar el reclamo histórico de que en la Iglesia primitiva la continencia perpetua era probablemente la norma para los sacerdotes, incluidos los casados en el momento de su ordenación.

La práctica del celibato clerical creció en lugar de declinar en los primeros siglos de la Iglesia. El Concilio de Elvira (305) en España, por ejemplo, ratificó lo que ya era una práctica antigua: la total continencia obligatoria para obispos, sacerdotes y diáconos. Sínodos, concilios locales, decretos papales e incluso libros penitenciales en los siguientes siglos hicieron lo mismo. El Segundo Concilio de Letrán (1139) –a menudo erróneamente citado como el comienzo del celibato obligatorio para los sacerdotes– simplemente repitió, en respuesta a abusos desenfrenados, lo que había sido la práctica de la Iglesia latina y declaró inválido cualquier matrimonio contraído por un clérigo. La Iglesia Oriental no mantuvo tan estrictamente la norma apostólica, a pesar de que en las Iglesias Orientales se permitió el clero casado a partir del Concilio de Trullo (691), la ordenación se mantuvo como impedimento para el matrimonio, mientras que la norma del celibato se mantuvo (y aún se mantiene) para los obispos que poseen la plenitud de las Órdenes Sagradas.[9]

---

[8] Ver Papa Pablo VI, Carta Encíclica sobre el celibato del sacerdote *Sacerdotalis. Caelibatus* (24 de junio de 1967), §§ 21–22.

[9] Para más detalles sobre la historia del celibato ver, por ejemplo: Stefan Heid, *Celibacy in the Early Church: The Beginning of Obligatory Continence for Clerics in*

El sentido de idoneidad del celibato sacerdotal siguió ampliándose a través de los siglos. Jean Galot escribe que tal apreciación requirió

> toda una evolución histórica. El hecho notable en esta evolución es que el ideal exaltado del celibato continuó ganando fuerza a pesar de una naturaleza humana inclinada en la dirección opuesta. Varias crisis severas ocurrieron. En ciertos períodos, particularmente en el siglo XV, la mayoría de los clérigos transgredieron la ley a tal punto que se pidió su abolición. Pero la ley fue confirmada y la autoridad de la Iglesia se esforzó por idear medios para asegurar un mejor cumplimiento de la misma. En este ascenso sobrenatural debemos reconocer el trabajo del Espíritu Santo: él dota de una mejor y más aguda comprensión de aquello a lo que el sacerdocio está llamado a ser de acuerdo al evangelio.[10]

A través de los años, la asociación del celibato sacerdotal con la capacidad generadora sobrenatural no se perdió por completo, aunque sí tuvo sus altibajos. Escritos de autores de la Iglesia Primitiva – como Orígenes, Pseudo-Jerónimo, los Santos Efrén, Dámaso y Gregorio Magno, y particularmente Eusebio de Cesarea — afirman el tema explícitamente, como también lo hicieron escritores posteriores.[11] San Pedro

---

East and West (San Francisco: Ignatius Press, 2001). Además: Christian Cochini, *The Apostolic Origins of Priestly Celibacy* (San Francisco: Ignatius Press, 1990).

[10] Jean Galot, *Teología del sacerdocio*, trad. Roger Balducelli (San Francisco: Ignatius Press, 1984), 242.

[11] Ver, por ejemplo: Laurent Touze, "Paternidad Divina y Paternidad Sacerdotal" *XX Simposio Internacional de Teología de la Universidad de Navarra* (Pamplo-

Damián en el siglo XI, por ejemplo, enfatizó que el celibato del obispo refleja su "matrimonio" con la Iglesia local, representado por el anillo episcopal, que Damián comparó con un anillo de bodas.[12]

En los últimos tiempos la relación entre el celibato sacerdotal y la paternidad espiritual ha comenzado a emerger nuevamente con fuerza. El papa Pío XII, por ejemplo, en su Exhortación Apostólica *Menti Nostrae*, reuniendo el pensamiento de los Santos Ambrosio, Juan de Ávila, Alfonso María de Ligorio y Juan Bosco, enseñó que, por la ley del celibato, "el sacerdote, lejos de perder el don y los deberes de la verdadera paternidad, los realza inconmensurablemente, puesto que engendra hijos no para esta vida terrenal y perecedera, sino para la celestial y eterna".[13]

El *Decreto sobre el ministerio y la vida de los presbíteros* del Concilio Vaticano Segundo describe el celibato como "fuente peculiar de la fecundidad espiritual en el mundo," y hace a los sacerdotes "más aptos para recibir ampliamente la paternidad en Cristo".[14] De manera similar, San Pablo VI, en su encíclica *Sacerdotalis Caelibatus*, comenta que el celibato del sacerdote "educa en él, como expresión de una más alta y vasta paternidad, una plenitud y delicadeza de sentimientos,

---

na, España: Servicio de Publicaciones de la Universidad de Navarra, 2000), 656–662. Ver también: Stanley L. Jaki, *Theology of Priestly Celibacy* (Front Royal, VA: Cristiandad, 1997), 79.

[12] Ver Touze, "Paternidad Divina y Paternidad Sacerdotal", 661.

[13] Papa Pío XII, Exhortación apostólica sobre el desarrollo de la santidad en la vida sacerdotal *Menti Nostrae* (23 de septiembre de 1950), § 20. Ver también: Fernando Benicio Felices Sánchez, *La Paternidad Espiritual del Sacerdote: Fundamentos Teológicos de la Fecundidad Apostólica Presbiteral* (San Juan, Puerto Rico: San Juan de Puerto Rico, 2006), 99.

[14] Concilio Vaticano II, Decreto sobre el Ministerio y la vida de los Sacerdotes *Presbyterorum Ordinis* (7 de diciembre de 1965), § 16.

que lo enriquecen en medida superabundante".[15] San Juan Pablo II hace explícita la conexión entre el celibato y paternidad espiritual en su Exhortación Apostólica *Familiaris Consortio*, en donde le recuerda a la Iglesia que "aun habiendo renunciado a la fecundidad física, la persona virgen se hace espiritualmente fecunda, padre y madre de muchos, cooperando a la realización de la familia según el designio de Dios".[16]

Revelando la paternidad de Dios

El sacerdote, como se dijo anteriormente, está configurado conforme a Jesús, la Cabeza de la Iglesia. Él representa la paternidad de Dios y genera nueva vida en el orden de la gracia. El celibato es una manera privilegiada de vivir ambos aspectos de su paternidad.

Con respecto a la representación de la propia paternidad de Dios, el celibato es claramente una aproximación más cercana a la paternidad del Padre. Autores tempranos como San Gregorio de Nisa y San Gregorio Nacianceno reflexionan sobre la "generación virginal" dentro de la Trinidad, tanto en ausencia de un componente sexual como en su pureza espiritual y libre de pasión.[17] Como escribe el teólogo francés Louis Bouyer, citando a San Gregorio de Nisa, "La paternidad divina, la única paternidad verdadera digna de ese nombre, es esencialmente virginal."[18] La normatividad primordial

---

[15] Papa Pablo VI, *Sacerdotalis Caelibatus*, § 56.

[16] Ver: Papa Juan Pablo II, Exhortación apostólica sobre el papel del cristiano. Familia en el mundo moderno, *Familiaris Consortio* (22 de noviembre de 1981), § 16.

[17] Ver: Verna Harrison, "Gender, Generation, and Virginity in Cappadocian Theology", *Journal of Theological Studies* 47, no. 1 (abril de 1996): 45–46.

[18] Louis Bouyer, *Woman in the Church*, trad. Marilyn Teichert (San Francisco: Ignatius Press, 1979), 33.

de la capacidad generadora del celibato se encuentra en la creación virginal del Hijo Eterno y en la generación virginal de la Iglesia por el Hijo célibe encarnado.[19] La paternidad sacerdotal célibe por lo tanto revela la paternidad de Dios de una manera particularmente llamativa. El celibato refleja la lógica interna de la paternidad divina, en la medida que el sacerdote está en el lugar del Cristo célibe, quien que revela al padre "célibe" y genera de manera célibe. Así, Los sacerdotes célibes poseen una capacidad única de revelar al Padre y al amor del Padre, una representación que disminuye en el caso de un sacerdote casado que debe reservar una parte privilegiada de ese amor paterno para su familia natural.

Sin embargo, la paternidad instrumental del sacerdote

[19] Aunque ya no se da por sentado en todas partes que Jesús permaneció soltero y virgen, esta es la premisa que se asume para los propósitos de este libro. Uno puede consultar el resumen de la virginidad de Cristo en: Allen H. Vigneron, "Christ's Virginal Heart and His Priestly Charity", en *Chaste celibacy: living Christ' s own spousal love: Sixth Annual Symposium on the Spirituality and Identity of the Diocesan Priest, 15-18 de marzo del 2007* (Omaha, NE: The Institute for Priestly Formación, 2007). La charla del arzobispo Vigneron incluye una breve encuesta sobre el estado actual de la pregunta. Él especula que una de las razones por las que tantos han suscrito la hipótesis de que Jesús tuvo una relación sexual con María Magdalena es porque "una relación nupcial con una mujer discípulo quitaría la dimensión escatológica de la vida y la vida del ministerio de Cristo, y esa desaparición sería una buena noticia para alguien que ha perdido la confianza en la Escatología. En esa perspectiva, la Pascua de Cristo quedaría como un trágico accidente que le sucedió a un "hombre de familia" decente y que lo alejó de su casa antes de su tiempo. En otras palabras, el hecho que Cristo tuviera una relación matrimonial con una mujer discípula lo domaría; literalmente, lo "domesticaría". Y las consecuencias adicionales serían que la Iglesia debe entenderse como una institución intramundana, no como una institución de un misterio trascendido, y la vida cristiana sería una ciudadanía en la ciudad terrenal, y no una ciudadanía en Jerusalén desde lo alto". Ver también: Allen H. Vigneron, "The Virginity of Jesus and the Celibacy of His Priests", en *The Charism of Priestly Celibacy: Biblical, Theological, and Pastoral Reflections*, ed. John C. Cavadini (Notre Dame, IL: Ave Maria Press, 2012).

es reforzada por su compromiso célibe incluso de forma más concreta que esta paternidad representativa. La paternidad de Cristo es instrumental en la medida en que su Sagrada Humanidad genera la vida sobrenatural como agente de redención, tanto como Cabeza y Novio de la Iglesia. El sacerdote, conformado a Cristo cabeza de la Iglesia, comparte esta paternidad divina. Desde que la Sagrada Humanidad de Jesús se dispuso para todos los aspectos a su misión redentora, se deduce que su elección por el celibato, como la del sacerdote, también se ordena hacia esa misma capacidad generadora sobrenatural. Tal como el autor y formador de seminaristas, P. Gary Selin, escribe: "Cristo, el mediador entre el cielo y la tierra en virtud de la Encarnación, vivió su vida en el estado de celibato, lo que atestigua su total dedicación al servicio de Dios y de la humanidad. Es apropiado, por lo tanto, que el sacerdote ministerial, a quien Cristo llama a seguir donde quiera que vaya, deba ser célibe y vivir su sacerdocio con un corazón lleno de caridad pastoral."[20] La Congregación para la Educación lo declara sucintamente: "El celibato sacerdotal es una comunión en el celibato de Cristo."[21]

Que el celibato de Cristo fuera un complemento apropiado para su misión redentora, no implica que Jesús no pudiera casarse. Sugerir que el matrimonio era imposible o impropio para Jesús es equivalente a decir que no era completamente humano o que hay algo pecaminoso o vergonzoso en el matrimonio o el amor conyugal, ya que la humanidad de Jesús se distingue de la nuestra únicamente en la carencia de pecado. Galot afirma que considerar el matrimonio como "indigno

[20] Gary Selin, *Priestly Celibacy: Theological Foundations* (Washington, DC: El Catholic University of America Press, 2016), 115.

[21] Congregación para la Educación Católica, "Formation in Celibacy", *Origins* 4, no. 5 (27 de junio de 1974): 70, no. 14.

del Verbo encarnado revela una estimación bastante pobre del matrimonio."[22] Sin embargo, Galot continúa, "era apropiado que el que estaba inaugurando la generación espiritual de una nueva humanidad tuviera que abstenerse de engendrar corporalmente. Para él, la fecundidad y la descendencia estarían en el orden de la gracia."[23] Jesús era el nuevo Adán, la Cabeza de una humanidad redimida, y la nueva vida que inauguró no es una generación en la carne sino una generación sobrenatural. Fue apropiado que iniciara con un padre virginal. Dicho de otra manera, si Cristo hubiera elegido casarse y concebir hijos naturales, el poder simbólico de su capacidad generadora en la gracia se habría reducido radicalmente.

Además, el celibato de Cristo reflejó una total apertura a la voluntad del Padre. San Pablo VI enseñó que el celibato de Cristo "significa su dedicación total al servicio de Dios y de los hombres. Esta profunda conexión entre la virginidad y el sacerdocio en Cristo se refleja en los que tienen la suerte de participar de la dignidad y de la misión del mediador y sacerdote eterno".[24] Por lo tanto, el celibato de Cristo se ordena a la voluntad salvífica del Padre, al amor universal de aquellos a quienes el Padre le ha dado. El vínculo particular de afecto y responsabilidad en el matrimonio, santo y bello por derecho propio, habría estado fuera de lugar en su misión global. La suya sería una paternidad sobrenatural universal como el Nuevo Adán, el padre de una familia espiritual sin límites, y dadas las responsabilidades particulares que el matrimonio hubiera impuesto, Galot sostiene, "Jesús

---

[22] Galot, *Theology of the Priesthood*, 230.
[23] Galot, *Theology of the Priesthood*, 230.
[24] Papa Pablo VI, *Sacerdotalis Caelibatus*, § 21. Ver también: Congregación para el Clero, *Directorio para la Vida y Ministerio de Sacerdotes*, no. 81.

se libera firmemente de estas limitaciones en aras de una orientación más amplia."[25]

Lejos de excluir el afecto humano, entonces, el celibato del sacerdote se dispone, como el de Jesús, a un amor ilimitado que ensancha el corazón y lo libera para un ministerio más amplio. Es decir, la idoneidad del celibato de los sacerdotes refleja la idoneidad del celibato de Cristo. Galot escribe que "la misión sacerdotal de Cristo hizo que la renuncia a tener una familia propia fuese apropiada, no hizo que tal renuncia fuese necesaria. En esta pertinencia se encuentra la razón por la cual el celibato es apropiado para un sacerdocio ejercido en nombre de Cristo."[26] La fecundidad sobrenatural de Cristo en el orden de la redención la reflejan sus ministros en su dedicación incondicional a la fecundidad sobrenatural. El celibato sacerdotal enfatiza el hecho de que tal fecundidad solo puede venir de Dios en el orden de la gracia.

Quizás el abrumador apoyo al celibato sacerdotal expresado por la mayoría de los sacerdotes refleja su intuición de que es excepcionalmente apropiado para alguien dedicado al ministerio pastoral. El sacerdocio es fundamentalmente una donación de uno mismo para el bien de otros, y se acompaña más apropiadamente por la radical entrega de sí mismo representada en el celibato. En otras palabras, hay una armonía entre el celibato sacerdotal y el modo de generación que el sacerdote ejerce como hombre sacramentalmente configurado en Cristo, Cabeza de la Iglesia. "Por una vida de castidad célibe," escribe el arzobispo Allen Vigneron, "el hombre que comparte y hace presente el sacerdocio de Cristo Cabeza de la Iglesia, participa más profundamente y presenta clara-

---

[25] Galot, *Theology of the Priesthood*, 231.
[26] Galot, *Theology of the Priesthood*, 244.

mente esa entrega virginal total de Jesús, que es la esencia y fundamento de su sacerdocio. En pocas palabras, el sacerdote célibe es más como Cristo el Sumo Sacerdote, y también es y actúa de una manera sacerdotal con mayor intensidad."[27]

Dado que el ministerio del sacerdote se ejerce en y a través de la Iglesia, su celibato es una contraparte apropiada para la maternidad virginal de la Iglesia. Conformado a Cristo, el sacerdote célibe disfruta del honor de imitar el completo y fecundo amor del Señor por su Esposa virginal. En años recientes, la Iglesia ha señalado a menudo este aspecto del celibato. El Concilio Vaticano II enseñó que a través del celibato los sacerdotes "manifiestan delante de los hombres que quieren dedicarse al ministerio que se les ha confiado, es decir, de desposar a los fieles con un solo varón, y de presentarlos a Cristo como una virgen casta, y con ello evocan el misterioso matrimonio establecido por Dios, que ha de manifestarse plenamente en el futuro, por el que la Iglesia tiene a Cristo como Esposo único".[28] En palabras de *Pastores Dabo Vobis*, "La Iglesia, como Esposa de Jesucristo, desea ser amada por el sacerdote de modo total y exclusivo como Jesucristo, Cabeza y Esposo, la ha amado."[29] Por lo tanto, el celibato se ordena al fecundo amor conyugal del sacerdote por la Iglesia, la virginal madre a través de la cual su paternidad es revelada, confirmada, y se hace efectiva. Se convierte en una imagen del exclusivo amor de Cristo por su Novia, e imitando al divino Novio, se compromete a amarla generosamente, con todo su corazón

[27] Vigneron, "The Virginity of Jesus and the Celibacy of His Priests", 98.
[28] Concilio Vaticano II, *Presbyterorum Ordinis*, § 16.
[29] Papa Juan Pablo II, Exhortación apostólica post-sinodal sobre la formación de Sacerdotes en las Circunstancias del Presente *Pastores Dabo Vobis* (marzo 15, 1992), § 29.

Había para Cristo, como para cada sacerdote, una dimensión sacrificial del celibato que hace eco del sacrificio del Misterio Pascual que da vida. Como se mencionó anteriormente, no es atrevido sugerir que renunciar al matrimonio fue un sacrificio para Cristo; de hecho, la irreverencia estaría en sugerir que su naturaleza humana era incapaz de desear el amor individualizado del matrimonio y de los hijos, o sugerir que el matrimonio no era digno de su deseo. Por lo tanto, mientras el celibato de Cristo fue ordenado principalmente a su amor indivisible y universal por Dios y el hombre, también incluía un sacrificio que fue sobrenaturalmente generativo, una preparación y un destello de la fecundidad del Calvario.

Los sacerdotes célibes comparten este sacrificio vivificante. Los legítimos anhelos por la compañía de una mujer y las alegrías de una familia son una invitación para el sacerdote célibe a entrar más profundamente en el misterio de la Cruz, y a unir su sufrimiento e incluso su soledad a la fuente pascual de la vida nueva en gracia. El teólogo benedictino Stanley Jaki relata la conmovedora historia de San Juan XXIII discutiendo con el filósofo católico Etienne Gilson las pruebas que estaban pasando los sacerdotes con el celibato en la década de 1960,

La cara del papa se volvió sombría, oscurecida por una creciente nube interna. Entonces el papa agregó en un tono violento, casi un grito: "Para algunos de ellos es un martirio. Sí, una especie de martirio. Me parece que a veces escucho una especie de gemido, como si muchas voces le pidieran a la Iglesia liberación de una carga. ¿Qué puedo hacer? El celibato eclesiástico no es un dogma. No se impone en las

Escrituras. Qué sencillo sería: tomamos el bolígra-
fo, firmamos una ley, y los sacerdotes que lo deseen
pueden casarse mañana. Pero esto es imposible. El
celibato es un sacrificio que la Iglesia se ha impuesto
a sí misma, libre, generosa y heroicamente."[30]

Un sacrificio, que se convierte en un poderoso medio para
generar vida sobrenatural de un hombre exclusivamente conformado a Cristo, Cabeza de la Iglesia, el autor de una nueva
vida en la Iglesia.

El celibato sacerdotal y la virginidad consagrada
Si bien existe una superposición entre el propósito de la virginidad consagrada y del celibato sacerdotal, también hay
distinciones que se deben hacer. Las vírgenes consagradas
imitan la forma de vida elegida por Jesús, como lo hacen en
los consejos de pobreza y obediencia de forma más literal y
para servir como testigo escatológico de la vida en el Reino,
en la que los santos resucitados "ni ellos tomarán mujer ni
ellas marido, sino que serán como ángeles en el cielo" (Mateo 22, 30; Marcos 12, 25; Lucas 20, 35). Este testimonio de
la virginidad consagrada, inspirado en la larga tradición de
la Iglesia, no puede dejarse de lado. Sin embargo, puede ser
que un énfasis excesivo en este modelo de seguir a Cristo ha
oscurecido parcialmente otros. Si seguir a Cristo significa
necesariamente seguirlo en una aceptación radical de la virginidad, la pobreza y la obediencia, entonces es difícil evitar la
conclusión, bien intencionada pero dudosa, que mientras el
"que se casa y tiene hijos es un hombre", quien *no* se casa, por
el amor de Jesús, "*es aún más hombre* porque a este respecto

---

[30] Jaki, "Man of One Wife or Celibacy", 23.

es más como el hombre perfecto, Jesús de Nazaret."[31] De allí hay solo un pequeño paso para afirmar que cada Cristiano, si busca la perfección, debe convertirse en un religioso consagrado: un reclamo directamente contrario a la enseñanza y pensamiento del Concilio Vaticano II.[32]

El celibato del sacerdote diocesano no se deriva principalmente de la lógica de los consejos evangélicos, ya que él es célibe no principalmente por el bien de su propia santidad sino más bien por el bien de su ministerio. O más bien, contribuye a su santidad *porque* primero enriquece su ministerio y lo ayuda a convertirse en un mejor padre sobrenatural. De hecho, sería difícil percibir el propio celibato de Cristo dirigido a su santidad, que ya era perfecta, o como señal de desapego del mundo que vino a salvar, o simplemente como un recurso para acomodar su estilo de vida itinerante.[33] El celibato de Cristo solo puede entenderse a la luz de su papel en el plan de salvación, su capacidad generadora en el orden de la gracia, es decir, su paternidad como el Nuevo Adán, Cabeza y Novio de la Iglesia. Es precisamente esta dimensión del celibato de Cristo lo que da sentido al celibato del sacerdote como padre espiritual.

Así, en su celibato, el sacerdote imita a Cristo, pero no en la medida en que Cristo es el modelo de la humanidad. Imita a Cristo la Cabeza de la Iglesia, a quien está configurado en las Sagradas Órdenes y cuyo celibato estaba tan íntimamente relacionado con su papel generativo en el plan

---

[31] Ver: Bertrand de Margerie, *Christ for the World: The Heart of the Lamb*, trans. Malachy Carroll (Chicago: Franciscan Herald Press, 1973), 332, énfasis agregado.

[32] Ver: Concilio Vaticano II, Constitución dogmática sobre la Iglesia *Lumen Gentium*. (21 de noviembre de 1964), § 40.

[33] Ver: Paul O'Callaghan, "Gli Stati di Vita del Cristiano: Riflessioni su un'Opera di Hans Urs von Balthasar ", *Annales Theologici* 21 (2007): 89–90.

salvífico del Padre. En esto, el celibato sacerdotal se distingue de la virginidad de la vida consagrada.

Si la virginidad consagrada se orienta principalmente a ser un testimonio escatológico, el celibato sacerdotal se orienta principalmente a representar a Cristo en relación con la Iglesia, su Novia, y para servir como instrumento de la capacidad generadora paterna de Cristo. Si la virginidad religiosa esta dirigida principalmente a la santidad de la persona consagrada, el celibato sacerdotal busca la santidad del pueblo Cristiano. Ambos son preciosos dones del Señor a su Iglesia, pero son dones con objetivos diferentes. El don del celibato sacerdotal, imitando el celibato de Cristo por el bien de la Iglesia, es un don ordenado principalmente para el cumplimiento de la paternidad sacerdotal sobrenatural.

Ejerciendo la paternidad sacerdotal célibe

El celibato del sacerdote, como su paternidad espiritual, representa y revela la paternidad de Dios Padre y lo hace reforzando la triple *munera* que examinamos en el capítulo anterior. Esta sección profundiza en la esencia de nuestra pregunta central: "¿Por qué el celibato?" Si el celibato apunta a ser más que una mera representación simbólica del celibato de Cristo, entonces debe tener un impacto en la experiencia vivida de los sacerdotes.

Munus sanctificandi

A nivel práctico, la gran disponibilidad facilitada por el celibato le permite al sacerdote dedicarle a su papel de santificación el tiempo y la energía que de otra manera se dedicarían legítimamente a su familia. Esta consideración, aunque aparentemente mundana, no es insignificante pese a que no es el motivo principal para el celibato.

En la vida de San Juan Vianney, por ejemplo, no hay duda que su amplia disposición en el confesionario, a través de la cual ayudó a reconciliar innumerables almas con Dios, solo fue posible debido a su celibato. No era simplemente la disponibilidad de tiempo del Cura of Ars lo que le permitió pasar tantas horas en el confesionario, sino una profunda disposición interior y espiritual que el celibato hizo posible. Así, los Padres del Concilio Vaticano II en *Presbyterorum Ordinis* observaron que a través del celibato los sacerdotes "se unen a Él más fácilmente con un corazón indiviso, se dedican más libremente en Él y por Él al servicio de Dios y de los hombres, sirven más expeditamente a su reino y a la obra de regeneración sobrenatural".[34] La libertad interior conseguida por el celibato del sacerdote es, en otras palabras, directamente pertinente a su "obra de regeneración sobrenatural," incluso cuando San Pablo alentó a algunos cristianos a permanecer solteros para estar "preocupa[dos] de la cosas del Señor, de cómo agradar al Señor" (1 Cor. 7,32). Aunque su declaración no se hace solo para el contexto del ministerio sacerdotal, ciertamente se aplica a los sacerdotes célibes de una manera notable.

El ministerio del sacerdote se fortalece por el celibato, no solo por su disponibilidad física e interior, sino también por una cierta accesibilidad moral. Contrario a la creencia popular que se tiene, quizás, de que el celibato hace que un sacerdote esté menos en sintonía, particularmente con los conflictos sexuales y los problemas maritales, Karol Wojtyla comenta en *Amor y Responsabilidad* que la falta de experiencia

---

[34] Concilio Vaticano II, *Presbyterorum Ordinis*, § 16.

personal directa del sacerdote particularmente en el matrimonio y las relaciones sexuales, se ven compensadas por su trabajo pastoral con tantas parejas, una amplia experiencia que puede ser de gran beneficio para aquellos bajo su cuidado.[35] Un sacerdote soltero a menudo puede aplicar esa experiencia pastoral más objetiva y uniformemente, precisamente porque no está influenciada por su propia experiencia más subjetiva, y tal vez incluso de fracasos, en el matrimonio.

Esta accesibilidad moral es más evidente en el ministerio de la reconciliación, particularmente cuando involucra asuntos sexuales. Muchos de los fieles se sienten más cómodos, y no menos, confesándose con un sacerdote célibe. Jean Galot afirma que "es innegable que la castidad facilita la confianza que los cristianos tienen en el sacerdote, una confianza que adquiere gran importancia en la realización del deber pastoral." A su juicio, y en la experiencia vivida de muchos de nosotros como sacerdotes, "los cristianos entrarían menos libremente al confesionario si el sacramento implicara la confesión de pecados a un sacerdote casado."[36] Volviendo al ejemplo del Cura de Ars, Frederick Miller argumenta que fue su

celibato lo que atrajo como un imán a hombres y mujeres hacia él, y quizás especialmente a hombres y mujeres luchando con pecados sexuales. De una manera misteriosa, el celibato contribuye a la capacidad del sacerdote para ser el instrumento en la curación de las heridas de la naturaleza humana y en la gene-

---

[35] Wojtyla, *Love and Responsability*, trans. H. T. Willetts (Nueva York: Farrar, Straus, Giroux, 1981), 15.

[36] Jean Galot, "The Priesthood and Celibacy", *Review for Religious* 24 (1965): 947.

ración de la vida divina en las almas.

...Muchos están convencidos que el pueblo católico confiesa sus pecados tan libremente a sus sacerdotes precisamente por la gracia del celibato.[37]

Aún más importante, el celibato es eminentemente adecuado para la celebración de la Sagrada Eucaristía, identificada en el último capítulo como la fuente misma de la paternidad espiritual del sacerdote. La Eucaristía es la representación sacramental del Misterio Pascual, la fuente de toda gracia y del pan supersubstancial con el que el sacerdote alimenta a sus hijos, así como la expresión litúrgica de su propio liderazgo paterno de la comunidad. En la "generación sacramental" del Hijo, el sacerdote representa la más cercana generación eterna del Hijo por el Padre, la principal analogía de toda paternidad.

Tales implicaciones paternas de la Eucaristía se complementan por el celibato del sacerdote. La dimensión del sacrificio vivificante de la Eucaristía encuentra eco en lo generativo, en el sacrificio personal del celibato. Detrás de la Sagrada Eucaristía, dijo un joven P. Joseph Ratzinger, "también debe estar siempre de pie el sacrificio personal del sacerdote que, día tras día, regala su propio amor, el anhelo de su vida tras el esplendor y felicidad, para mantenerse completamente dispuesto a Dios."[38] El Sacrificio Sagrado da forma y significado a la propia oblación de los sacerdotes y, en la medida en que el celibato es parte de ese don de sí mismo, se convierte en un componente importante de su

---

[37] Miller, *The Grace of Ars* (San Francisco: Ignatius Press, 2010), 59.
[38] Emery de Gaál, ed., *Homilías en una primera Misa: el regalo de Joseph Ratzinger a los sacerdotes*, trad. David Agostoine (Omaha: IPF Publications, 2016), 22. Ver también: el papa Pablo VI, *Sacerdotalis Caelibatus*, §§ 29-30.

paternidad generativa. Es más apropiado, como otros han señalado, que el hombre que se para en al altar en la persona de Cristo y dice; "Este es mi cuerpo", se abstenga de hacerlo en cualquier otra relación conyugal. Así, los Padres de la Iglesia a menudo comparan el celibato sacerdotal con la continencia ritual de los sacerdotes en el Antiguo Testamento.[39] Los Padres concluyen que, si los sacerdotes de la Antigua Ley debían abstenerse de las relaciones sexuales antes de su sacrificio, tanto más deben los sacerdotes de la Nueva Ley abstenerse de las relaciones sexuales antes del Santo Sacrificio de la Misa, de las cuales las oblaciones del Templo fueron solo un anticipo.[40]

El celibato además cumple un papel simbólico durante la misa en la representación del sacerdote de Dios Padre. Ya fue planteado anteriormente que el sacerdote, en cierto modo, "genera" al Cristo Eucarístico, de hecho, siendo la imagen de la generación que hace el Padre del Hijo. Como célibe, lo hace más visiblemente haciendo eco de la "célibe capacidad generadora" del Padre en la generación eterna del Hijo. Como célibe, él también hace eco de la generación virginal de María en la generación temporal de Jesús. Reflexionando sobre la representación del sacerdote de la fecundidad virginal de María, el gran alemán del siglo XIX, el teólogo Matthias Scheeben escribe que

el sacerdote concibe al Hijo encarnado de Dios por el poder del mismo Espíritu para establecerlo en el seno de la Iglesia bajo las formas Eucarísticas. Así,

[39] Ver: Selin, *Priestly Celibacy: Theological Foundations*, 141–144.
[40] Ver: Benedict M. Ashley, *Justice in the Church: Gender and Participation* (Washington, DC: The Catholic University of America Press, 1996), 120–121.

Cristo nace de nuevo a través del sacerdocio por una continuación, por así decirlo, de su nacimiento milagroso de María, y el sacerdocio mismo es una imitación y extensión de la misteriosa maternidad que María poseía con respecto al Dios-hombre. El sacerdocio es para el Cristo Eucarístico lo que María era para el Hijo de Dios a punto de convertirse en hombre.[41]

Munus docendi

El ejercicio del sacerdote del *munus docendi* también se enfatiza y se fortalece por la práctica del celibato. El capítulo anterior señaló que la capacidad generadora del *munus docendi* incluye la fecundidad sobrenatural de la predicación, a través de la cual el sacerdote implanta la Palabra de Dios como una semilla que, por el poder de la gracia, florece en una nueva vida en las almas de sus oyentes.

Santo Tomás de Aquino enseña que el celibato está ordenado hacia la contemplación,[42] Y es a través de la contemplación que la predicación de un sacerdote se nutre y se hace sobrenaturalmente fecunda. La predicación representa el desbordamiento de la vida interior del sacerdote, el "retorno" que él hace por el privilegio de una mayor intimidad con Dios. La contemplación no es un acto aislado e introvertido sino fundamentalmente abierto a la comunión con Dios y con otros. En la memorable imagen de Santo Tomás, "así como es más perfecto iluminar que brillar, así es más perfecto el comunicar a otros lo contemplado que contemplar exclusiva-

---

[41] Matthias Joseph Scheeben, *The Mysteries of Christianity*, trad. Cyril Vollert (St. Louis, MO: B. Herder Book Co., 1946), 547.

[42] Ver: De Aquino, *Summa Theologiae* II-II, q. 152, a. 2.

mente"[43] Todo sacerdote ha tenido la experiencia de predicar del fruto de su oración y el impacto que tal la predicación puede tener sobre los demás. Si Santo Tomás tiene razón al sugerir que el celibato puede promover una vida contemplativa, se deduce entonces que también puede contribuir poderosamente a la "paternidad del sacerdote con su voz."

Munus regendi

Sin embargo, es en el *munus regendi* que el celibato del sacerdote hace la contribución más clara. En paralelo a los deberes de la paternidad natural, el último capítulo examinó el papel de la paternidad espiritual del sacerdote como proveedor, guía y protector. Cada uno de estos roles se ve reforzado por la acogida del celibato. El papel del sacerdote como proveedor incluye tanto la administración de los sacramentos para su pueblo, especialmente el Pan de vida, como la provisión de otros bienes sobrenaturales a través de la oración intercesora. De hecho, parte de la disposición del celibato a la contemplación que acabamos de examinar incluye una mayor libertad para una intercesión sostenida e intensiva por su pueblo, una práctica que el papa Francisco identifica como un estímulo y un medio para la evangelización.[44] El celibato también libera a un hombre para las obras activas de caridad que componen muchos de los deberes de la paternidad "natural" descrita anteriormente, y a los que a menudo el ministerio sacerdotal le convoca. En la medida en que un sacerdote debe cumplir esos deberes de la paternidad natural como componente de su paternidad espiritual, el celibato es,

---

[43] Aquino, *Summa Theologiae* II-II, q. 188, a. 6.
[44] Papa Francisco, Exhortación Apostólica sobre el Anuncio del Evangelio en el Mundo Actual *Evangelii Gaudium* (24 de noviembre del 2013), §§ 281–283.

por lo tanto, prescrito para ambas.

El amor paternal del sacerdote a través del cual guía y enseña a su pueblo sobre el amor de Dios también es grandemente ayudado por la generosa acogida de celibato. Reflexionando sobre la generosidad hecha posible por el celibato, por ejemplo, el papa Pío XII ensalza el "innumerable ejército de vírgenes y apóstoles que desde los primeros tiempos de la Iglesia hasta nuestros días han renunciado al matrimonio para dedicarse con más facilidad y más enteramente a la salvación del prójimo por amor a Cristo, y de esta suerte, llevan adelante empresas admirables, de religión y caridad".[45]

En los últimos años el Magisterio ha enfatizado esta dimensión del celibato que ayuda al sacerdote a responder a la necesidades de su pueblo. San Pablo VI escribió que el celibato le da al sacerdote la posibilidad "de manera más amplia y concreta, [de] darse todo para utilidad de todos," y "permite además al sacerdote, como es evidente también en el campo práctico, la mayor eficiencia y la mejor actitud psicológica y afectiva para el ejercicio continuo de la caridad perfecta."[46] El papa Juan Pablo II dijo en una reunión de sacerdotes diocesanos que el celibato

expresa también el profundo vínculo que le une [al sacerdote] a los fieles, en cuanto son la comunidad nacida de su carisma [célibe] y destinada a recibir toda la capacidad de amar que un sacerdote lleva

---

[45] Papa Pío XII, Carta encíclica sobre la Sagrada Virginidad *Sacra Virginitas* (25 de marzo de 1954), § 26. [*N. del tr.*: Texto en español tomado de la traducción disponible en el sitio web de las Siervas de los Corazones Traspasados de Jesús y María: https://www.corazones.org/doc/sacra_virginitas.htm. Fecha de acceso: agosto 2019.]

[46] Papa Pablo VI, *Sacerdotalis Caelibatus*, § 32.

dentro de sí. El celibato, además, lo libera interior y exteriormente, haciendo que pueda organizar su vida de modo que su tiempo, su casa, sus costumbres, su hospitalidad y sus recursos financieros estén solamente condicionados por lo que es el objetivo de su vida: la creación, en torno a sí, de una comunidad eclesial.[47]

El Concilio Vaticano II lo resume al enseñar que el celibato "es al mismo tiempo emblema y estímulo de la caridad pastoral así como una fuente especial de fecundidad espiritual en el mundo".[48]

Tal grado de caridad pastoral impuesta a los sacerdotes puede ser difícil. Nuestra cultura valora la autonomía individual y la realización personal casi más allá que todos los demás bienes. Los sacerdotes viven en esa misma atmósfera y son atraídos por esos mismos deseos. El celibato, vivido bien, puede ofrecer un gran apoyo a un sacerdote que desea ejercer una entrega de amor generosa y desinteresada. Un corazón célibe está abierto a todos, sin preferencia, como un autor declara: "a niños y parejas jóvenes casadas, a los viejos, las viudas, los enfermos y los sanos, los pobres y los ricos, a los pecadores y los santos".[49] Así, los que vienen al sacerdote

---

[47] Papa Juan Pablo II, "La Vocazione al Ministero é una Scelta d'Amore: Omelia del Santo Padre Giovanni Paolo II. Santa Messa di Inaugurazione del Convegno "Spiritualità del Presbitero Diocesano Oggi", "4 de noviembre de 1980. [*N. del tr.*: Texto en español tomado de la traducción disponible en el sitio web de la Santa Sede: https://w2.vatican.va/content/john-paul-ii/es/homilies/1980/documents/hf_jp-ii_hom_19801104_convegno-spiritualita. html. Fecha de acceso: agosto del 2019.]

[48] Concilio Vaticano II, *Presbyterorum Ordinis*, § 16. Ver también: Concilio Vaticano II, *Lumen Gentium*, § 42.

[49] Felices Sánchez, *La Paternidad Espiritual del Sacerdote*, 159.

célibe buscando orientación y asistencia pastoral saben que no son sus "segundos" hijos después de los suyos por descendencia biológica: saben que ellos, y solo ellos, son primero. Así como un nuevo padre encuentra fuerza para hacer una entrega radical de su amor por su esposa e hijos, también un sacerdote célibe encuentra fuerzas para la entrega que se exige por su vocación ensanchando su corazón a través del don de celibato.

El papel protector de un padre también se ve reforzado por el celibato del sacerdote. Él protege a su familia espiritual internamente vigilando a su rebaño del error, exhortando y corrigiéndolo cuando sea necesario. En la medida en que el celibato separa al sacerdote de la necesidad de una constante aprobación de su pueblo, también lo ayuda a cumplir esta dimensión de paternidad.

De una manera particular, el celibato prepara al sacerdote para defender con coraje la fe contra las amenazas externas. En el Iglesia primitiva, la virginidad era una especie de "muerte a sí mismo" que, después del tiempo de las persecuciones, simbólicamente continuó como un testimonio sacrificial de los mártires. En su sacrificio, el celibato cumple la declaración de Cristo que "si el grano de trigo no cae en tierra y muere, allí queda, él solo; pero si muere, da mucho fruto" (Juan 12, 24). Es un acto de caridad dar la vida por el bien de la fecundidad sobrenatural. Así, a través de su celibato, escribe el Padre (ahora Obispo) Andrew Cozzens, un sacerdote "no pertenece a sí mismo: él ha puesto toda su vida al servicio de la misión que le dio Cristo, que incluye no solo renunciar al matrimonio sino también, cuando sea necesario, a sus posesiones e a incluso su propia voluntad".[50]

---

[50] Andrew Cozzens, "*Imago Vivens Iesu Christi Sponsi Ecclesiae*: The Priest as a

El celibato lo fortalece contra sufrimientos morales como el rechazo y el menosprecio de una cultura secular más amplia y es un estímulo para el coraje físico, preparándolo para soportar incluso la muerte, si es necesario, por defender a su pueblo y la fe.

Un autor señala que la comunidad monástica Judía en Qumrán practicó el celibato para prepararse "para la Guerra Santa escatológica que creían que marcaría el comienzo de la Era Mesiánica, y sabían que la Ley ordenaba a los guerreros en tiempo de batalla abstenerse del sexo para permanecer en un estado de pureza ritual y dedicar todo su poder y energías para la batalla."[51] De manera similar, el celibato en la Nueva Ley libera a los hombres "para una dedicación más plena a la Guerra Santa," aunque no es una guerra de derramamiento de sangre. Es una "guerra contra la violencia y la injusticia que frenan el Reino de Dios. Están llamados a no ser los únicos guerreros en la batalla espiritual —todos los cristianos están llamados a eso— pero sí a conformar las tropas de primera línea que dan liderazgo y coraje a los demás."[52]

Así, el celibato deja a un sacerdote más libre para enfrentar cualquier peligro o persecución que amenace a su pueblo, sin preocupación por sus consecuencias para una familia natural. En una época que ha visto las mayores violaciones a la dignidad de la vida humana en la historia, tanto en agitaciones violentas alimentadas por regímenes tiránicos, como por el desprecio continuo y sistemático por la dignidad de

---

Living Image of Jesus Christ the Bridegroom of the Church through the Evangelical Counsels" (diss., Universidad Pontificia de Santo Tomás de Aquino, 2008), 336.

[51] Benedict M. Ashley, *Theologies of the Body: Humanist and Christian* (Braintree, MA: The Pope John Center, 1985), 443.

[52] Ashley, *Theologies of the Body*, 443. Ver también: Efesios 6, 10-17.

la vida humana en las democracias liberales occidentales, el momento para que los sacerdotes célibes demuestren su valentía de seguro, ha llegado. El propósito de su celibato sacerdotal, en parte, es liberarlos y prepararlos para ese intimidante aspecto de su deber paterno, sin importar el costo.

Tres riesgos en el sacerdocio

Más allá de la triple *munera*, analizar el celibato a la luz de la paternidad espiritual también sugiere otros beneficios para el sacerdocio. Uno de ellos en particular es constituirse como una de los las soluciones más potentes frente a tres grandes riesgos a los que creo que los sacerdotes hoy día somos particularmente propensos.

El narcisismo

El narcisismo cubre un amplio campo de tendencias humanas, pero para los propósitos de esta breve mirada se puede caracterizar como una necesidad excesiva de admiración, una extrema sensibilidad a la crítica, un sentimiento de tener derecho a todo con expectativas irrazonables por un trato especial. El narcisismo a menudo incluye el ansia de alguna forma de recompensas terrenales, lícitas o ilícitas, que el autor y teólogo Dietrich von Hildebrand identifica como un peligro particular de la vida célibe.[53] Tales compensaciones pueden incluir vicios como el alcoholismo, arribismo, pornografía, o relaciones ilícitas, o alternativas menos graves como un apego excesivo a comidas lujosas, eventos sociales,

---

[53] Ver Dietrich von Hildebrand, *In Defense of Purity: An Analysis of the Catholic Ideals of Purity and Virginity* (Londres: Sheed and Ward, 1940), 171.

colecciones extensas o vacaciones exóticas.[54] El ensimismamiento de un sacerdote también puede incluir una obsesión
por controlar su tiempo, su dinero y su espacio, como una
preocupación inflexible con su horario o protegiendo su "día
libre" a toda costa. A veces es simplemente una inclinación
por ciertas comodidades humanas.

El cardenal Joseph Ratzinger, durante su charla en el seminario San Carlos Borromeo en 1990, dijo que "es probable
que todas las grandes crisis en la Iglesia estuvieran esencialmente conectadas a una declive en el clero, para quien su
relación con lo Sagrado había dejado de ser el misterio fasci-
nante y arriesgado que es, de acercarse a la ardiente presencia del Santo de los Santos, y en su lugar se había convertido
en un oficio cómodo para asegurar su necesidades diarias."[55]
Un enfoque tan burgués del sacerdocio a menudo se revela
en aberraciones litúrgicas. De hecho, uno de los síntomas
típicos del narcisismo en el sacerdocio, señalado por el psicólogo Paul Vitz y su hijo-sacerdote Daniel en un artículo
conjunto, es una inclinación por "personalizar" la Misa, mo-
dificando la liturgia de la Iglesia para acomodar las propias
teorías o preferencias, llamando la atención sobre uno mismo
para satisfacer un anhelo de afirmación personal.[56]

Una tendencia narcisista particularmente predominante
en el sacerdocio es un "síndrome de soltero," identificado por
el autor jesuita George Aschenbrenner, en el que los hom-

[54] Ver: John Cihak, "The Blessed Virgin Mary's Role in the Celibate Priest's Spousal and Paternal Love", *Sacrum Ministerium* 15, no. 1 (2009): 151.

[55] Joseph Ratzinger, "Some perspectives on Priestly Formation Today (Keynote at Symposium on Priestly Formation at St. Charles Borromeo Seminary)," 20 de enero de 1990.

[56] Ver Paul C. Vitz y Daniel C. Vitz, "Messing with the Mass: The Problem of Priestly Narcissism Today", *Homiletic and Pastoral Review* 108, no. 2 (noviembre 2007): 19–21.

bres "se vuelven espectadores distantes. En un sentido de autoprotección, a menudo irradian un actitud superior, crítica y condescendiente a las personas que están seriamente involucradas con los desafíos de la vida."[57] Los célibes pueden ser propensos al orgullo y la autosuficiencia en los que se engendra este sentido de superioridad. El P. Raniero Cantalamessa, Predicador de la Casa Pontificia, atribuye este peligro en parte a la más limitada experiencia del hombre célibe con el amor romántico. "Nunca se han arrodillado ante una criatura reconociendo su insuficiencia y su necesidad del otro", escribe. "Nunca, como un mendigo, han extendido la mano a otro ser humano, diciendo: 'Entrégate a mí porque yo, por mí mismo, no estoy completo', que es lo que dice un joven cuando declara su amor a una mujer joven."[58]

La indiferencia de la soltería a veces se acompaña por una visión altamente administrativa o burocrática del sacerdocio, un enfoque en política más que en las personas y sus necesidades, una fijación en complejidades litúrgicas o ceremoniales, o incluso un enfoque obsesivo del trabajo que de hecho puede ser un intento para escapar de las demandas del involucramiento genuino con las personas. Sin el ascetismo intrínseco del matrimonio, un sacerdote célibe puede volverse desprendido y distante. Como escribe un autor:

Uno puede ser un ministro experimentado, un competente cuidador y mantener distancia profesional. Si no hay vida comunitaria para forzar el desafío de

---

[57] George A. Aschenbrenner, *Quickening the Fire in Our Midst* (Chicago: Loyola Press, 2002), 124.

[58] Raniero Cantalamessa, "Dimensions of Priestly Celibacy", en *The Charism of Priestly Celibacy: Biblical, Theological, and Pastoral Reflections* ed. John C. Cavadini (Notre Dame, IL: Ave Maria Press, 2012), 19-20.

la intimidad, es demasiado fácil responder al llamado de Cristo a amar al prójimo amando a la humanidad "en general". Dependiendo de la naturaleza de sus amistades, los célibes pueden elegir estructurar sus vidas para que nunca haya ningún riesgo de "uno contra uno," el riesgo de poner el corazón propio en la línea... No es de extrañar que amar "en general" parezca un curso más seguro y sano. Seguro, sano, pero potencialmente estéril.[59]

El sacerdote "soltero" no está *presente*, literalmente, o al menos emocionalmente, para su pueblo, y por lo tanto descuida la primera responsabilidad de cada padre al simplemente no participar activamente en la vida de su familia.

La paternidad espiritual es la que libera a un hombre de estas manifestaciones narcisistas de una adolescencia extendida, tanto en el orden natural como el sobrenatural. Un padre natural que toma en serio sus responsabilidades no puede satisfacer sus caprichos, exigir un control exacto sobre su vida, esperar afirmaciones personales constantes o desvincularse de sus responsabilidades en el hogar, como tampoco lo puede hacer un padre sacerdotal. La paternidad sacerdotal da justo en el corazón del "síndrome de soltero", que es precisamente la renuncia a la paternidad y su sentido de responsabilidad por los otros miembros de su hogar.

En contraste, una sólida comprensión de la paternidad sobrenatural crea un vínculo de profunda intimidad y confianza entre el sacerdote y su pueblo, un sentimiento de responsabilidad mutua que es diametralmente opuesto al de

---

[59] Julie A. Collins, "Celibate Love as Contemplation", *Review for Religious* 59, no. 1 (enero / febrero del 2000): 81–82

una soltería que se satisface en sí misma. Galot señala que, mientras la ausencia de una esposa e hijos naturales podría encerrar a un hombre en sí mismo, también puede dirigirlo a un "amor más profundo y universal" si así decide hacerlo de una manera consciente.[60] Parafraseando al Beato John Henry Newman, para que el celibato sea "auto-transformador" en lugar de "auto-preservador" debe, como en el matrimonio, darse uno mismo al otro.[61] A través de profundas amistades y de constancia en su ministerio pastoral, el sacerdote gana la abnegación, que es el fruto ordinario del matrimonio y de la vida en familia. Él madura en su afectividad, acepta el riesgo del fracaso y del rechazo, supera tendencias posesivas o complejos que pueden colarse en su corazón, y evita la trampa siempre presente de un amor abstracto y generalizado en lugar de un amor concreto y personalizado.

El papa Francisco agrega que el testimonio de las parejas casadas puede ayudar a un hombre a salir de sí mismo. El celibato, dice, "corre el peligro de ser una cómoda vida de soltero... En ese caso, resplandece el testimonio de las personas casadas. Quienes han sido llamados a la virginidad pueden encontrar en algunos matrimonios un signo claro de la generosa e inquebrantable fidelidad de Dios a su Alianza, que estimule sus corazones a una disponibilidad más concreta y oblativa"[62] El sacerdote célibe, en otras palabras, puede re-

---

[60] Galot, *Theology of the Priesthood*, 246.

[61] Ver Daniel Cere, "Newman's 'Lesson of the Marriage Ring': Celibacy and Marriage in the Thought of John Henry Newman", *Louvain Studies* 22, no. 1 (1997): 67–68.

[62] Papa Francisco, exhortación apostólica post-sinodal sobre el amor en la familia *Amoris Laetitia* (19 de marzo del 2016), § 162. [*N. del tr.*: texto en español tomado de la traducción disponible en el sitio web de la Santa Sede: https://w2.vatican.va/content/dam/francesco/pdf/apost_exhortations/documents/papa-francesco_esortazione-ap_20160319_amoris-laetitia_sp.pdf.

sistir la vida de soltero al permitirse a sí mismo enamorarse de Dios y de su pueblo. Por su parte, el papa Benedicto XVI escribe que el celibato "debe significar dejarse arrastrar por el amor a Dios y luego, a través de una relación más íntima con él, aprender a servir también a los hombres."[63]

Vivido de manera paternal, apoyado por una valiosa y saludable red de relaciones, el celibato puede convertirse en una vida llena de amor y enfocada en un ministerio alegre, simplemente incompatible con el estrecho ensimismamiento del narcisismo.

El clericalismo

Un segundo peligro para el sacerdocio es el del clericalismo: la preocupación desordenada con el propio estado y estatus clerical. Es una identificación elitista de la autoridad con el poder en lugar de con la humildad, con el control en lugar de con el servicio, y a menudo incluye instrumentalizar a otros por placer o beneficio personal. El clericalismo ocurre cuando un sacerdote coloca el ministerio antes del discipulado, olvidando que está unido a Cristo principalmente por el bautismo que comparte con todos los creyentes, no por su ordenación.

Una de las muchas consecuencias de esta mentalidad clericalista es la tentación de transmitir una apariencia de santidad, esforzándose por mantener la apariencia de virtud en lugar de vivirlo de manera genuina, para proyectar una figura apropiadamente "clerical". A veces este engaño puede promover un ambiente sutil y competitivo entre el sacerdote

---

Fecha de acceso: agosto 2019.]

[63] Papa Benedicto XVI, "Discurso de Su Santidad Benedicto XVI a los miembros de la Curia romana en el tradicional intercambio de saludos navideños" 22 de diciembre del 2006.

y la comunidad en la medida que el presbítero debe mantener una apariencia de superioridad, particularmente cuando siente sus propias carencias al compararse con las personas a las que sirve.

El clericalismo también puede fomentar un sentido merecimiento en el que los sacerdotes esperan una cantidad excesiva y desordenada de deferencia y generosidad de parte de aquellos a quienes están llamados a servir. Puede haber una demanda altiva de obediencia y aquiescencia a los empleados de la parroquia, voluntarios e incluso feligreses. Sacerdotes temperamentales dan rienda suelta a sus cambios de humor, obligando a sus colegas y feligreses a aguantar sus desplantes erráticos de una manera que ningún buen esposo y padre haría. En su forma más extrema, esta distorsión de la autoridad sacerdotal conduce a la manipulación de otros para obtener ganancias emocionales o materiales, o incluso, placer a través del abuso sexual.

Una vez más, es acogiendo la genuina paternidad sacerdotal que los sacerdotes célibes pueden evitar este ejercicio manipulador de la autoridad clerical. Al igual que Jesús, los sacerdotes deben entregarse sin límites a su Esposa y engendrar hijos sobrenaturales a través de su paternidad instrumental. Jesús explícitamente advirtió a sus apóstoles que no "dominaran" a otros y exigió que sus apóstoles fueran pastores, sirvientes, incluso esclavos, y dieran la vida por sus ovejas (Mateo 20, 25–28). La autoridad en la Iglesia no es una cuestión de dominación sino de servicio, ni de tiranía sino de entrega sacrificial según la Alianza. "La verdadera paternidad sacerdotal", escribe el Dr. Scott Hahn, "es el único antídoto seguro a la recurrente enfermedad eclesiástica llamada clericalismo. Nosotros siempre debemos recordar –usted y yo–, que no somos jefes, ni gerentes, ni administradores: Somos padres."[64]

Una apertura a amistades sinceras con sacerdotes y laicos son una forma importante de evitar la trampa del clericalismo. "Puede suceder que el seminarista o el sacerdote", escribe Mons. Michael Heintz, profesor y formador de seminaristas, "bajo la forma del compromiso célibe, se aísle de este tipo de relaciones humanas más básicas y las demandas que estas entrañan, y como resultado nunca son realmente desafiados a un nivel humano". Continúa diciendo que los amigos que aman tanto al sacerdocio como al sacerdote mismo "pueden desafiarlo e incluso persuadirlo cuando sea necesario, para hacerlo humanamente responsable." Heintz observa con perspicacia que

> el clérigo puede llegar a verse a sí mismo como en una posición exaltada de dispensar o dar a otros, una fuente de gracia, pero sin recordar que él también debe ser lo suficientemente humilde como para recibir de otros y para reverenciar a otros, ya sean casados, solteros, viudos, o religiosos, como instrumentos de gracia para el enriquecimiento de su propio sacerdocio. Como resultado de este tipo de solipsismo, las excentricidades personales o idiosincrasias pueden desarrollarse sin control (y esto puede incluso resolverse de una manera muy pública dentro de su celebración de la sagrada liturgia), y como su conciencia de sí disminuye o está sesgada, su perspectiva se vuelve cada vez más limitada, no solo

---

[64] Scott Hahn, "The Paternal Order of Priests", en *Spiritual Fatherhood: Living Christ' s Own Revelation of the Father. Third Annual Symposium on the Spirituality and Identity of the Diocesan Priest*, 13-16 de marzo del 2003, ed. Edward G. Matthews (Emmitsburg, MD: Seminario Mount St. Mary's, 2003), 5

con respecto a sí mismo sino también con respecto
a los demás.[65]

En marcado contraste con la calidad competitiva del clericalismo, la distinción objetiva y relacional entre un padre y
su hijo conserva la verdad de la autoridad sacerdotal y admi-
te distinciones subjetivas, incluida la posible "superioridad"
subjetiva del hijo.

De hecho, la autoridad paterna se *afirma* cuando el hijo
prospera. Todos los que hemos escuchado confesiones en las
parroquias sabemos que hay gente verdaderamente santa
sentada en nuestros bancos, lo que siempre es una fuente de
alegría y orgullo sagrado para un sacerdote paternal y seguro de sí mismo. Un buen padre se vuelca en amor y servicio
por sus hijos, compromete toda su energía y recursos para su
crecimiento, y se regocija cuando prosperan, incluso −o más
bien, especialmente− cuando lo superan en excelencia.

La peor manifestación del clericalismo, el abuso sexual
por parte del clero, exige un regreso aún más decidido a la
paternidad espiritual. Eso ni siquiera entra en la mente de
los buenos padres, − francamente, ni siquiera en la mayoría
de los malos padres− el abusar de sus propios hijos. Como se
observa en un artículo, la

respuesta de algunos a la actual crisis sexual en la
Iglesia Católica es decir que los entendimientos paternos de la autoridad deben ser reemplazados por
entendimientos funcionales. Como suele ser el caso
de los que disienten de las enseñanzas de la Iglesia,

[65] Michael Heintz, "Configured to Christ: Celibacy and Human Formation", en
The Charism of Priestly Celibacy: Biblical, Theological, and Pastoral Reflections, ed.
John C. Cavadini (Notre Dame, IL: Ave Maria Press, 2012), 75.

lo que creen estar entendiendo está precisamente al revés. La forma más obvia de asegurar menos casos de abuso clerical en la Iglesia católica sería ver que los encargados de los seminarios y las rectorías tengan un claro entendimiento del papel del sacerdote como padre. No estoy sugiriendo que esta sea la única solución a la crisis actual, pero los candidatos al sacerdocio deben ser evaluados por su aptitud para la paternidad. Un padre en forma, un buen padre, no abusa de sus hijos.[66]

Se podría agregar que un buen padre no simplemente repugna la idea de abusar de sus hijos, sino que también reacciona enérgicamente contra cualquiera que pueda representar un peligro para ellos. No es solo el abuso sexual por parte del clero lo que revela una noción errónea de la autoridad sacerdotal en las últimas décadas, sino también la negligencia y una respuesta cobarde a ese abuso por parte de algunos con autoridad. Sacerdotes y obispos que verdaderamente comprenden su propia paternidad deberían ser los más decididos e implacables en sus esfuerzos por proteger a sus hijos sobrenaturales y librar al sacerdocio de aquellos que lo usaran para explotar a otros.

---

[66] Jennifer Ferrara y Sarah Hinlicky Wilson, "Ordaining Women: Two Views," *First Things* (abril del 2003): 36. [*N. del tr.*: texto en español tomado de la traducción disponible en el sitio web: https://evangelizadorasdelosapostoles. wordpress.com/2019/03/20/ordenando-a-las-mujeres-dos-puntos-de-vista-por-jennifer-ferrara-y-sarah-hinlicky-wilson/. Fecha de acceso: agosto del 2019.

El activismo

Un tercer riesgo común en el sacerdocio es un enfoque del ministerio que pierde de vista su fuente y motivo sobrenatural. Se señaló anteriormente que el sacerdocio a menudo se percibe hoy como principalmente funcional y burocrático, enfocado en programas, tareas, administración y otras formas de objetivos medibles. Es una visión del sacerdocio más en sintonía con las expectativas de un lugar de trabajo profesional que con las exigencias del Evangelio. San Juan Pablo II advirtió que un sacerdote puede ser tentado "[a] llevar su ministerio a un activismo finalizado en sí mismo, a una prestación impersonal de servicios, sean espirituales o sagrados, a una especie de empleo en la organización eclesiástica".[67] Sin duda hay grandes demandas sobre los hombros de aquellos en el ministerio –cada vez más a medida que disminuye el número de sacerdotes–, y no sorprende que incluso muchos buenos sacerdotes pasen su día trabajando frenéticamente de una tarea a otra, a menudo distraídos y olvidándose de Dios. La disponibilidad personal hecha posible gracias a teléfonos celulares, mensajes de texto y redes sociales, y la expectativa que los sacerdotes sean accesibles casi a todo minuto del día ha contribuido aún más a este inquieto estado mental. No es de extrañar que muchos sacerdotes diocesanos digan que están "sobrecargados de trabajo y sin suficiente oración".

Reenfocar el sacerdocio en la paternidad puede ayudar a superar esta mentalidad activista. Las demandas de la paternidad espiritual, como su contraparte natural, no pueden ser satisfechas moviéndose a través de una lista de pendientes. Es una vocación inherentemente relacional que frena la tendencia a iniciativas pastorales de exprimir los momentos

---

[67] Papa Juan Pablo II, *Pastores Dabo Vobis*, § 72.

más importantes de contacto interpersonal, y proporciona un estándar interno para juzgar si esas iniciativas están realmente dispuestas para el bien de las almas. Además, el hecho mismo que la paternidad sobrenatural solo puede ejercerse en el mismo orden de la gracia contrarresta un enfoque demasiado naturalista de sus deberes. El clericalismo y el activismo, de hecho, tienen en común que ambos imaginan que uno puede ser ministro de Cristo sin ser Su discípulo. El trabajo más importante que hace un sacerdote no es a través de cualquier logro o esquema propio, sino a través de los sacramentos y de su vida interior llena de gracia.

Permanecer enfocado en estas fuentes de su paternidad lo ayudarán a mantener una perspectiva contemplativa a lo largo de su día y le permitirán encontrar a Dios en su ministerio y en su pueblo, incluso cuando sus deberes parecen abrumadores o monótonos. Le dará alegría, ofrecerá paz en medio de tormentas, inspirará coraje en presencia de obstáculos, le permitirá ver lo mejor en ciertas situaciones y personas, y lo ayudarán a vivir en presencia de Dios. "Que nadie piense que una vida ocupada puede que no sea una vida santa", escribió el cardenal Manning. "La vida más ocupada puede estar llena de piedad. La santidad no consiste en hacer cosas poco comunes, sino en hacer todas las cosas comunes con un fervor poco común. Ninguna vida estuvo más llena de trabajo y de interrupciones que la vida de nuestro Señor y sus apóstoles."[68] En resumen, el acogimiento consciente de la paternidad espiritual ayudará al sacerdote a convertirse en un hombre de acción con un alma de oración, respondiendo generosamente al clamor de sus muchos

---

[68] Henry Edward Manning, *The Eternal Priesthood* (Baltimore: John Murphy y Co., 1883), 81.

deberes sin ceder a la tentación del activismo.

En un momento en los Evangelios, Jesús lleva a sus discípulos lejos para un período de descanso –descanso que tal vez él también quería–, pero al desembarcar vieron multitudes esperándolos, fatigados e indefensos, "como ovejas que no tienen pastor" (Marcos 6, 34). Sin más palabras, sin dudarlo, Jesús comienza a sanar, a enseñar y a consolar. Este es el corazón del maestro, el corazón generoso de un padre. Algunos podrían ver el sacerdocio como una licencia para un narcisismo desprendido, el clericalismo arrogante o el activismo febril. Cuando se analiza a la luz de la paternidad, sin embargo, es precisamente lo contrario, radicalmente opuesto a toda forma de autocomplacencia, autocompasión, de un falso sentido de dignidad, de abuso de otros y superficialidad. Tomada en serio, la paternidad sacerdotal célibe es un camino hacia una auténtica renovación y reforma clerical hoy en día, asegurando que el sacerdocio irradia cada vez más claramente una vocación humilde y alegre de servicio ejemplificada en la vida de Jesús el Sumo Sacerdote.

¿EL CELIBATO OPCIONAL?

El celibato, entonces, contribuye al propio ministerio del sacerdote, a su fecundidad en el orden de la gracia y a su paternidad espiritualidad. Sin embargo, algunos han preguntado comprensiblemente por qué el celibato no puede ser al menos opcional, especialmente dada la escasez de vocaciones y las violaciones al celibato profundamente inquietantes en los últimos años. El celibato claramente no es un prerrequisito para el sacerdocio, ya que hay sacerdotes ordenados válidamente que están casados en las Iglesias orientales, y por excepción en el Rito Latino. Parece prudente, incluso evidente, la opción de hacer el celibato opcional. Como consecuencia, hoy en día se ejerce una tremenda presión sobre la Iglesia para disminuir su adhesión al celibato.

Sin embargo, avanzar hacia el celibato opcional, a pesar de sus beneficios aparentes, sería un gran error – por muchas razones. Como un camino para evitar el abuso sexual, hacer que el celibato sea opcional no tendría el impacto deseado. El celibato en sí no es la causa del abuso. Si lo fuera, ¡entonces la respuesta no sería el celibato opcional, sino el matrimonio obligatorio! Como se observó anteriormente, el abuso sexual no es causado por ser célibe, así como el adulterio no es causado por estar casado. Permitir a los sacerdotes casarse no evitaría las transgresiones sexuales. El matrimonio, después todo, lamentablemente, no es ajeno al escándalo. De hecho, la idea que "casar" a los sacerdotes resolverá la crisis de abuso sexual, sugiere una visión bastante simplona del matrimonio, así como una cierta ingenuidad sobre la tasa de abuso sexual cometido por individuos que están casados.

La santa vocación al matrimonio no es una cura para los impulsos sexuales que la mente popular erróneamente imagina que son irreprimibles. El problema no es vivir el celibato, sino el celibato *mal* vivido. El problema no es que los sacerdotes descarriados no estaban casados, el problema es que ellos fueron infieles. Doctores medievales, con las mejores intenciones, a menudo trataban enfermedades drenando la sangre de sus pacientes, privándolos sin saberlo de los nutrientes que necesitaban para recuperarse. Aun así, aquellos que buscan curar la enfermedad del abuso sexual en la Iglesia al drenarla de la gracia del celibato harían poco para curar la enfermedad y, además, privarían al Cuerpo de Cristo de nutrientes espirituales necesarios para sanarse. Si deseamos abordar el problema del abuso sexual del clero, deberíamos comenzar por exigir la misma fidelidad de nues tros sacerdotes que la que exigimos de todos los demás y llamarlos a acoger, a través del don del celibato, las bendiciones de la paternidad sacerdotal que necesitamos hoy más que nunca. De lo contrario, corremos el riesgo de perder todas las gracias y beneficios del celibato sin resolver realmente el problema de abuso sexual en el clero.

El celibato opcional tampoco es un recurso para aliviar una escasez de sacerdotes. Si bien esto pudiera traer una oleada breve de nuevos seminaristas, la experiencia de comunidades no-católicas que han flexibilizado sus propios requisitos de ordenación de ninguna manera promete que tal oleada, si es que llega, tendrá alguna duración. De hecho, el impulso por el celibato opcional no logra comprender el paisaje cultural en el que vivimos. Si el matrimonio es una opción, entonces la realidad contundente es que se presumirá que los sacerdotes que optan por el celibato, en la mente de muchos, tendrían atracciones sexuales ambiguas. Además, dado que la ordenación episcopal probablemente todavía se limitaría a los sacerdotes célibes, como en la Iglesia Oriental, la opción de renunciar al matrimonio (y, por lo tanto, seguir siendo elegible para el episcopado) probablemente también invitaría a conjeturas cínicas. El celibato opcional conduciría a un sacerdocio de dos niveles en el cual la mediocridad o la ambición clerical prosperarían con demasiada facilidad.

Incluso si estas trampas se pudieran evitar de alguna manera, el celibato opcional arrojaría una confusión innecesaria en el camino de aquellos que disciernen el sacerdocio. El celibato es un hermoso regalo para la Iglesia y para el sacerdote mismo, pero sin duda a veces es un regalo difícil de entender, difícil de recibir y difícil de vivir – especialmente para los jóvenes. Eso enciende una noble generosidad en el corazón de un joven, pero como todos los amores humanos profundos, la capacidad de celibato requiere tiempo para madurar. Es cierto que algunos seminaristas elegirían el celibato, incluso si fuera opcional. Sin embargo, ¿quién podría dudar que muchos – que de otro modo recibirían la hermosa gracia del celibato – simplemente asumirían que no es para ellos? ¿Cuántas gracias del celibato se perderían al hacer innecesariamente difícil para aquellos en discernimiento sacerdotal recibir este regalo?

Hay otra dificultad aún mayor con la exigencia del celibato opcional. El sacerdocio no es una posición sobre el cual la Iglesia Católica tiene el completo control, ya que fundamentalmente no es su sacerdocio, sino el de Jesús. Ciertamente, como hay sacerdotes válidos y casados, está claro que el celibato no es necesario para ejercer el sacerdocio ministerial. Sin embargo, también es cierto que el sacerdocio mismo, que es el sacerdocio de Cristo –el cual todos los sacerdotes ministeriales comparten–, es esencialmente un sacerdocio célibe. Jesús ejerció su ministerio en la tierra como sacerdote célibe y continúa haciéndolo desde el cielo. Incluso la Iglesia Oriental, como ya se ha mencionado, limita el episcopado a los sacerdotes célibes, una señal de que el celibato es parte integral del sacerdocio.69

Esta cualidad del celibato como "esencial pero no necesario" puede ser explicada por una profunda armonía entre el celibato y el sacerdocio. Galot llama a esto "un vínculo esencial, dado que el celibato se ajusta a la naturaleza misma del sacerdocio", aunque él subraya que "no es absolutamente necesario ni para la validez del sacerdocio ni para la reali-

---

69 Ver Selin, *El Celibato Sacerdotal: Fundamentos Teológicos*, 116-120, 181-182.

zación legítima y fructífera de las funciones sacerdotales."[70] Según el teólogo francés Bertrand de Margerie, el celibato no es más "necesario" para el sacerdocio de lo que "la Encarnación exigió, de una forma absoluta, el celibato en la sagrada humanidad de Jesús."[71] Así, aunque no es necesario, entonces es eminentemente apropiado, incluso normativo al sacerdocio, ya que – continúa de Margerie– "refleja la estructura misma del misterio de Cristo y de la Iglesia, cuya estructura se propone validar."[72]

Además, si la paternidad sobrenatural es realmente constitutiva del sacerdocio, y el celibato está ordenado para reflejar y ejercer dicha paternidad, se deduce que el celibato es más que una "disciplina" arbitraria impuesta por la autoridad eclesiástica. Está sujeta solo parcialmente al juicio prudente de la Iglesia. Por eso el celibato sacerdotal (o la continencia perpetua) ha sido parte de su vida desde los tiempos apostólicos. Ha habido un desarrollo histórico, por supuesto, pero a pesar de repetidas llamadas a través de los siglos para abandonar el celibato, la Iglesia se ha negado firmemente a hacerlo. De hecho, ella ha reafirmado repetidamente la bendición del celibato sacerdotal y se ha comprometido a fomentarlo más fielmente en su clero.

La congruencia entre el celibato y el sacerdocio, entonces, no se deriva simplemente de consideraciones utilitarias que surgen, por ejemplo, de la dificultad de cumplir con las demandas de una familia biológica por una parte y una familia parroquial por la otra. Su normatividad es más bien teológica, ya que "pertenece a la lógica de la consagración

---

[70] Galot, "The Priesthood and Celibacy", 950.
[71] Margerie, *Christ for the World*, 324.
[72] Margerie, *Christ for the World*, 324.

sacerdotal," en palabras del papa Juan Pablo II, por su conveniencia y congruencia.[73] El celibato no es una "segunda vocación" que uno podría o no tener, un regalo místico que con suerte coincide con una llamada sacerdotal. Fluye del corazón del sacerdocio como su acompañamiento más apropiado, una parte de la vocación sacerdotal que "no es divisible," según Hans Urs von Balthasar: "incluir o no el carisma de la virginidad: es una cuestión que se dirige al hombre en su totalidad, carne y sangre."[74] El teólogo Thomas Weinandy incluso ve en siglos recientes una convicción teológica cada vez mayor en el desarrollo de la doctrina no hacia el clero casado, sino hacia la normatividad del celibato sacerdotal:

> El celibato es intrínseco al testimonio sacerdotal masculino como "engendrador" a la manera de Cristo, y como tal, es mucho más que una simple ley canónica... En lugar de ver un desarrollo de la doctrina hacia la sanción normativa de un sacerdocio casado dentro del Iglesia Católica Romana, yo diría que el auténtico desarrollo doctrinal, que actualmente está pujando hacia su maduración, confirmará que los sacerdotes, por la misma naturaleza de su sacerdocio, deberían ser normativamente célibes, porque solo entonces se ejerce ese sacerdocio en su manera más completa y en toda su extensión.[75]

[73] Papa Juan Pablo II, "La Iglesia está comprometida con el celibato sacerdotal, Audiencia general," 17 de julio de 1993.
[74] Hans Urs von Balthasar, "The Meaning of Celibacy", *Communio: International Catholic Review* 3, no. 4 (invierno de 1976): 324–325.
[75] Thomas Gerard Weinandy, "Of Men and Angels", *Nova et Vetera* 3, no. 2 (2005): 303.

Al parecer la carga de la evidencia recae en aquellos que desafiarían la antigua fidelidad de la Iglesia al celibato sacerdotal. No solo habría una continuidad histórica que se rompería al renunciar al don, también hay una profunda congruencia teológica y pastoral con la vocación sacerdotal que se dejaría de lado, al menos en parte, con múltiples repercusiones para el ministerio salvífico de la Iglesia. Las propuestas para disminuir nuestro compromiso con el celibato creo que se derivan en gran medida de un espíritu de miedo y de un fracaso al ver los reclamos radicales del sacerdocio, en vez de verlo desde un espíritu evangélico de confianza en la gracia de Dios. Como en cada época, Dios permanecerá fiel y permitirá a sus sacerdotes que vivan bien su celibato.

Al igual que Cristo, el sacerdote está capacitado para que, a través del celibato, viva su propia paternidad sobrenatural con mayor eficacia y naturalidad. El celibato encuentra su lógica más profunda no en el orden de pragmatismo, sino en el orden del amor. Es una forma de realización humana y, en efecto, sexual, en la que el sacerdote es capaz de entregarse generosa, plena y fecundamente al Señor y a su pueblo de una manera poderosa. Abolir o limitar el don del celibato o hacerlo opcional, si bien es teóricamente posible, traería consigo la pérdida de uno de los grandes regalos para la Iglesia y haría más compleja la plena realización de la paternidad sacerdotal. El abuso clerical generalizado de menores y adultos vulnerables representa el subproducto de un estilo de vida sacerdotal decadente, y un rechazo a la paternidad sacerdotal misma que restauraría y purificaría al clero. Es tomando esa paternidad sacerdotal célibe en serio, formando seminaristas y reformando al clero a la luz del llamado divino a la paternidad espiritual, donde se encuentra el camino hacia la verdadera reforma.

Capítulo tres

Selección y formación

Durante varios años he tenido el privilegio de ayudar a seleccionar y formar hombres para el sacerdocio, y estoy convencido de que los principios descritos en los dos capítulos anteriores brindan aplicaciones muy prácticas para esta labor. Si el sacerdocio célibe es una vocación esencialmente paternal, entonces hay lecciones importantes para la manera de elegir y formar sacerdotes. Sin la presunción de ofrecer una imagen completa de las cualidades que deberían tener los seminaristas o de lo que los seminarios deberían inculcar, este capítulo apunta a esbozar algunas lecciones para quienes se dedican a la labor de fomentar las vocaciones sacerdotales y la formación en seminarios.

Seleccionando a los futuros padres espirituales

La identidad masculina

Admitir hombres en el seminario significa prepararlos para una vida dedicada a una paternidad sobrenatural. Es por tanto que estos deben ser capaces de asumir el manto de la paternidad, comenzando con el deseo de la paternidad natural que sirve como modelo y fundamento.

En la mente del papa Francisco el celibato está tan íntimamente relacionado con la paternidad que no pueden separarse estos dos elementos en una vida sana. Cuando un hombre no tiene el deseo de la paternidad, dijo, "hay algo que falta en él, algo no funciona. Todos nosotros, para existir, para estar completos, para ser maduros, debemos sentir la alegría de la paternidad. Incluso aquellos que somos célibes".[1] El Arzobispo Vigneron señala que "las cualidades humanas requeridas para que un hombre tenga éxito como sacerdote célibe son análogas -si no es que idénticas, a las necesarias para tener éxito como esposo y padre. Si un hombre no puede ser buen esposo y padre, no puede ser un buen sacerdote".[2]

Las virtudes de la paternidad natural y espiritual incluyen, entre otras, capacidad de donación sacrificial, responsabilidad, hacer y cumplir compromisos, sinceridad, y humildad, así como calidez y ternura combinadas con fortaleza y seriedad. Si bien todas estas cualidades no pueden estar completamente desarrolladas en todos los candidatos al seminario, deben estar presentes al menos de manera inicial y su crecimiento debe ser una prioridad en la formación en los seminarios. Pero incluso antes que estas virtudes explícitas, el criterio clave para juzgar la capacidad para la paternidad, y que se torna necesario para vivirla bien, es una identidad masculina estable y segura. El Papa Benedic-

---

[1] Papa Francisco, "Meditación matutina en la capilla de la *Domus Sanctae Marthae*: La Alegría de la Paternidad Pastoral", 26 de junio del 2013.

[2] Vigneron, "Christ's Virginal Heart and His Priestly Charity", *Chaste celibacy: living Christ's own spousal love: Sixth Annual Symposium on the Spirituality and Identity of the Diocesan Priest, 15-18 de marzo del 2007* (Omaha, NE: The Institute for Priestly Formation, 2007).

to XVI, dirigiéndose a sacerdotes en Varsovia, recordó que "Cristo necesita sacerdotes maduros, viriles, capaces de cultivar una auténtica paternidad espiritual."[3] El celibato solo enaltece la búsqueda de una masculinidad segura de sí.

Siendo, como es de esperarse, suficientemente claro hasta este punto, el celibato no es una forma sobrenatural, angelical o "espiritualizada" de vivir, supuestamente compatible con conductas andróginas o afeminadas. Por el contrario, el celibato está ordenado conforme a la paternidad, que a su vez se ordena conforme a la plena realización de la existencia encarnada del hombre, como hombre. De ahí que toda la "masculinidad del sacerdote, su sexualidad, su psicología sexual, es parte de su conformación con Cristo," como lo plantea un artículo.[4] El Arzobispo Fulton Sheen escribió alguna vez que la "Iglesia no ordenará sacerdote suyo a quien carezca de sus potencialidades vitales; la Iglesia quiere hombres que tengan algo que dominar."[5] Si un hombre no está seguro de su propia masculinidad, si está incómodo en su propia virilidad o experimenta ambigüedad o confusión de sexo, entonces no le será posible reflejar el amor profundo y masculino de Cristo para su pueblo. "Dios llama a hombres de verdad y si no hay hombres", la Congregación para la Educación Católica simplemente señala, "no pueden haber llamados".[6]

[3] Papa Benedicto XVI, "Discurso del Santo Padre Papa Benedicto XVI Encuentro con el Clero, Catedral de Varsovia," 25 de mayo del 2006.

[4] Guy Mansini y Lawrence J. Welch, "In Conformity with Christ", *First Things* 162 (abril del 2006): 15.

[5] Fulton Sheen, *The World's First Love* (1952; repr., San Francisco: Ignatius Press, 2011), 96. [N. del tr.: Texto en español tomado de la traducción disponible en el sitio web de educación Nobis Pacem: https://nobispacem.com/sites/default/files/documents/fulton_sheen_-_el_primer_amor_del_mundo_-_libro_pdf.pdf. Fecha de acceso: agosto del 2019.]

[6] Congregation for Catholic Education, "Formation in Celibacy", *Origins* 4, no. 5 (27 de junio de 1974): 71–72, no. 19. Ver también: Concilio Vaticano II,

Un indicador crucial de esta identidad masculina es la capacidad de interactuar bien y normalmente con otros. Mientras un programa de formación sacerdotal puede intentar desarrollar el aspecto de la madurez afectiva, se debe asumir primero una cierta facilidad para las relaciones interpersonales en los candidatos para el sacerdocio antes de ingresar al seminario, particularmente entre los candidatos que ya pasaron su adolescencia, etapa en la que la falta de habilidades sociales es más comprensible. Aquellos que se sienten incómodos consigo mismos, que carecen de habilidades de conversación, que tienen problemas para interactuar fácilmente con mujeres (y con hombres), o que les cuesta mantener amistades masculinas profundas y saludables generalmente no prosperarán en el sacerdocio.

La cuestión de la atracción hacia personas del mismo sexo

Una señal de que un candidato sacerdotal no posee el nivel de madurez afectiva exigida por la paternidad célibe es, como la Iglesia ha afirmado repetidamente, la presencia de tendencias homosexuales profundamente arraigadas.[7] Estas

---

Decreto sobre la Formación de Sacerdotes *Optatam Totius* (28 de octubre de 1965), § 11.

[7] Más recientemente en Congregación para el Clero, *El don de la vocación sacerdotal: Ratio Fundamentalis Institutionis Sacerdotalis* (Ciudad del Vaticano: 8 de diciembre del 2016), no. 199-200. Más a fondo en la Congregación para la Educación Católica, *Instrucción sobre los criterios para el discernimiento de las vocaciones con respecto a las personas con tendencias homosexuales en vista de su admisión a la Seminario y las órdenes sagradas* (Londres: Catholic Truth Society, 2005), no. 2. Para Un resumen de la posición constante de la Iglesia con respecto a los candidatos sacerdotales con atracción hacia personas del mismo sexo, ver Earl Fernandes, "Seminary Formation y homosexualidad: cambiar la moral sexual y la respuesta de la Iglesia *"El Linacre Quarterly* 78, no. 3 (agosto del 2011).

tendencias incluyen cualquier evidencia de comportamiento homosexual adulto, cualquier defensa de la llamada "cultura gay", o cualquier resistencia a la enseñanza de la Iglesia sobre las inclinaciones o actividad homosexuales. Las atracciones hacia personas del mismo sexo que están profundamente arraigadas, es decir, que no son meramente superficiales o transitorias, implican atracciones sexuales o románticas continuas hacia personas del mismo sexo. También incluyen cualquier aversión al matrimonio, ya que la paternidad espiritual de los sacerdotes supone una atracción explícita y sincera por el matrimonio natural y la paternidad.

Este es un asunto difícil, y me doy cuenta de lo doloroso que es este tema para hombres buenos que luchan con la homosexualidad. Sin embargo, existen muchas razones por las cuales aquellos que experimentan atracciones del mismo sexo no deberían ordenarse como sacerdotes. Por supuesto que las atracciones por sí mismas no son pecaminosas cuando no son deliberadas, y muchos que tienen una inclinación homosexual resisten estas tentaciones de manera generosa e incluso heroica. De hecho, quienes experimentan estas inclinaciones generalmente no lo eligen, sino que pueden ser el resultado de experiencias traumáticas en la infancia o la adolescencia.[8] Cualquiera que sea su "origen psíquico" (una frase utilizada en el CIC 2357), las inclinaciones "objetivamente desordenadas" de atracciones hacia el mismo sexo (CIC 2358) revelan una inmadurez afectiva que se constituye

---

[8] Para una revisión contemporánea de los datos sobre los orígenes y el desarrollo de etapas de atracción hacia personas del mismo sexo, ver: Timothy G. Lock, "Same-sex Attractions as a Symptom of a Broken Heart: Psychological Science Deepens Respect, Compassion, and Sensitivity ", en *Living the Thruth in Love: Pastoral Approaches to Same-sex Attraction*, ed. Janet E. Smith y Paul Check (San Francisco: Ignatius Press, 2015), 244–278.

como un obstáculo para la paternidad, incluso la paternidad sacerdotal, a la que la naturaleza humana masculina está ordenada.[9] La mayor vulnerabilidad emocional de un hombre con atracción hacia el mismo sexo no es apta para los rigores del ministerio pastoral, particularmente en estos tiempos de confusión generalizada con respecto a la sexualidad humana. En otras palabras, no es simplemente la atracción hacia el mismo sexo lo que hace que un hombre sea inadecuado para el sacerdocio, sino la inseguridad emocional subyacente, cuyo síntoma es esta atracción misma.

Este punto crucial se pierde de vista por aquellos que ven las "tendencias homosexuales profundamente arraigadas" simplemente como la preeminencia que un candidato le da a las inclinaciones hacia el mismo sexo en su vida personal. Algunos, irresponsablemente, llegan a decir que la atracción homosexual misma puede ser una bendición para el sacerdocio. Por ejemplo, el P. Timothy Radcliffe O.P., quien en el pasado ejerció como Maestro General de la Orden de Predicadores, afirma que los sacerdotes homosexuales, precisamente en su homosexualidad, le hacen contribuciones únicas a la Iglesia. Él escribe que "nosotros hemos de presumir que Dios continuará llamando tanto a homosexuales como heterosexuales al sacerdocio porque la Iglesia necesita los dones de ambos."[10] Por lo tanto, al interpretar la Instrucción del 2005 por parte de la Congregación para la Educación Católica sobre los candidatos con tendencias homosexuales, Radcliffe argumenta que tal individuo es aquel "cuya orientación sexual se vuelve crucial para su autopercepción

---

[9] Ver Mansini y Welch, "In Confirmity to Christ", 15.

[10] Timothy Radcliffe, "Can Gays Be Priests?" *The Tablet* (26 de noviembre del 2005): 4.

al punto de volverse obsesiva, dominando así su imaginación. En efecto, una situación tal pondría en cuestión si esta persona puede vivir felizmente como sacerdote célibe." Pero luego concluye: "cualquier heterosexual que esté tan centrado en su sexualidad también tendría problemas. Lo que importa es la madurez sexual; más que la orientación."[11] Sin duda, a un hombre heterosexual que esté obsesionado con su propia identidad sexual y su imaginación le falta madurez, y tampoco debe ser admitido en el orden sacerdotal, pero no es solo la obsesión sexual lo que descarta la admisión de aquellos con atracción hacia el mismo sexo. Es la inmadurez afectiva, la masculinidad insegura, y la ambigüedad misma que la atracción significa, y que hace que dichos candidatos no sean aptos para la paternidad sacerdotal.

Más aún, donde no hay atracción por el matrimonio, no hay renuncia sacrificial, que es una de las gracias esenciales del celibato apostólico. Ciertamente vivir la continencia misma implica un gran sacrificio, pero como el rector del seminario Mons. Andrew Baker señala: "La lucha por vivir castamente puede ser extremadamente difícil para alguien con tendencias homosexuales, y estas luchas serían realmente meritorias y virtuosas como actos de castidad, pero no necesariamente como actos de celibato."[12] La continencia por sí sola no es equivalente al celibato sacerdotal, ya que no necesariamente implica la conciencia de sacrificar la unión sexual biológicamente generativa por el bien de una generatividad superior.

De hecho, es precisamente esta falta de sacrificio procreador lo que puede hacer que el celibato y el sacerdocio

[11] Radcliffe, "Can Gays Be Priests?" 4.
[12] Ver Andrew Baker, "Ordination and Same Sex Attraction", *América* 187 (septiembre 30, 2002): 9.

resulten atractivos para algunos hombres homosexuales. En ocasiones el sacerdocio se ha convertido en un refugio para quienes huyen de sus propias atracciones sexuales, un refugio que otorga cierta legitimidad a su estado soltero. Como dijo el papa Benedicto XVI, "la homosexualidad es incompatible con la vocación sacerdotal. De otra forma, el celibato no tendría ningún sentido como renuncia. Sería un gran peligro que el celibato se convirtiera en algún tipo de pretexto para introducir en el sacerdocio a personas que, de todos modos, no quieren casarse."[13] El interés en el sacerdocio célibe por parte de algunos que enfrentan atracciones hacia el mismo sexo obliga a Iglesia a estar aún más vigilante al examinar a dichos candidatos desde el seminario.

Los discípulos de Cristo con atracciones hacia el mismo sexo llevan sobre sí una carga pesada y, con esa cruz, están llamados a la castidad y santidad como todos los otros discípulos. Sin embargo, es imperativo resistir la tentación de admitir en el sacerdocio a personas con atracción hacia el mismo sexo. Si bien la mayoría, en caso de ordenarse, podría probablemente vivir en continencia sexual, las luchas internas de las personas homosexuales por vivir la castidad son radicalmente exacerbadas, como lo sugieren los sorprendentes niveles de promiscuidad entre hombres homosexuales activos – incluso aquellos en relaciones estables.[14] Considere además de tales luchas el combate espiritual que enfrentan los sacerdotes y los desafíos ordinarios del celibato, y la

---

[13] Papa Benedicto XVI, *Light of the World* (San Francisco: Ignatius Press, 2010), 152.

[14] Así lo indican las estadísticas sobre promiscuidad sexual entre personas homosexuales. Ver: https://carm.org/statistics-homosexual-promiscuity. Ver también: Daniel Mattson, "Why Men Like Me Should Not Be Priests", blog de *First Things*, 17 de agosto del 2018, https://www.firstthings.com/web-exclusives/2018/08/why-men-like-me-should-not-be-priests.

cuestión se convierten en una obligación de justicia, no simplemente de obediencia a la Iglesia, la cual exige claridad y firmeza en el asunto. De hecho, en cada estudio sobre abuso sexual en el clero, la gran mayoría de los casos involucran el abuso homosexual de niños y hombres jóvenes.[15] Por controvertida que sea, la sabiduría de la decisión de la Iglesia ha relucido al considerar las cosas en retrospectiva. El desestimarla tenido consecuencias devastadoras en las vidas de miles de jóvenes en las últimas décadas. No es intolerancia, crueldad u "homofobia" lo que descarta a los candidatos homosexuales al sacerdocio; es caridad tanto para el pueblo de Dios como para el hombre en cuestión, para quien una vida así sería manifiestamente inadecuada y quizás peligrosa.

Sin importar las consecuencias de desafiar la ortodoxia de lo políticamente correcto, le debemos a los fieles -especialmente a los miles que han sido abusados por sacerdotes, el asumir una postura bien definida respecto a la cuestión de los aspirantes al sacerdocio que tienen una profunda atracción hacia el mismo sexo. El énfasis en la paternidad del sacerdocio célibe ayuda a confirmar la instrucción de la Iglesia respecto a la ordenación de hombres con atracción

[15] Esto se manifiesta en el informe del 2004 del John Jay College of Criminal Justicie titulado: *The Nature and Scope of the Problem of Sexual Abuse of Minors by Catholic Priests and Deacons in the United States*, comisionado por la Conferencia Episcopal Católica de los Estados Unidos, así como el Informe del Gran Jurado de Agosto del 2018 por el Fiscal General de Pensilvania. Ambos informes inequívocamente muestran que la mayoría de los abusos sexuales cometidos por sacerdotes católicos se han dirigido a niños pubescentes y post-púberes. El P. Paul Sullins de la Universidad Católica de América, en nombre del Instituto Ruth, emitió un informe en noviembre del 2018 titulado: ¿Is Catholic clergy sex abuse related to homosexual priests?, que muestra una clara relación causal entre la homosexualidad en el sacerdocio y el abuso sexual de menores varones, desacreditando los reclamos dudosos de un segundo estudio de John Jay emitido en 2011, que negó cualquier relación causal entre los dos.

hacia el mismo sexo, no porque tales hombres sean incapaces de permanecer continentes o de lograr una gran santidad, sino porque esas atracciones indican una identidad masculina ambigua y debilitan la capacidad de un hombre para ejercitar una paternidad en celibato que sea fecunda y alegre.

FORMANDO FUTUROS PADRES ESPIRITUALES

Los antropólogos han observado que la paternidad es, en general, un esfuerzo cultural de una manera en que la maternidad no lo es.[16] Sin la inmediatez del contacto físico y emocional que caracteriza la relación de una madre y su hijo, la paternidad natural se basa en una compleja y frágil construcción de normas culturales para desarrollarse. Aparte de su obvio componente biológico, la paternidad no es tanto una realidad natural inevitable como un logro cultural y personal. Como vemos en la comunidad en general, cuando esta formación cultural se debilita no toma mucho tiempo para que la cultura de la paternidad se desmorone. La necesidad de formación en la paternidad no es menos cierta para la paternidad sobrenatural de los sacerdotes. Por lo tanto, un buen seminario tendrá entre sus principales objetivos la formación de hombres fuertes y seguros, capaces de asumir un compromiso célibe y convertirse en padres fieles en el orden de la gracia.

Hasta cierto punto, un hombre aprende a ser padre haciendo las cosas que hace un padre. A este respecto, gran parte de la formación en la paternidad sacerdotal tendrá

---

[16] Incluso los antropólogos conocidos por sus opiniones más radicales sobre la sexualidad y el género, como Margaret Mead, reconocen el importante papel cultural del padre en la formación. Ver: Margaret Mead, *Male and Female* (Harmondsworth, Reino Unido: Penguin Books, 1950), 177-191.

lugar en los primeros años del ministerio ordenado, mientras el nuevo sacerdote administra los sacramentos, predica el Evangelio, guía y protege a su pueblo. Sin embargo, hay muchas maneras en que un seminario puede ayudar a los futuros sacerdotes a prepararse para asumir el manto de la paternidad espiritual. Por ejemplo, suponiendo incluso una selección adecuada, los candidatos aptos para el sacerdocio célibe aún pueden requerir formación en su identidad masculina. Parte del proceso de formación por lo tanto incluirá el desarrollo de una masculinidad segura sin ningún matiz de afeminamiento ni de "machismo," los cuales a menudo reflejan inseguridad sexual y emocional. Puede que las experiencias personales de paternidad inadecuada de algunos seminaristas necesiten ser abordadas y, en la medida de lo posible, sanarlas a través de ejemplos paternos saludables, formación clara, dirección espiritual y, en algunos casos, orientación psicológica con sólidos fundamentos antropológicos. Esto es especialmente cierto hoy, sobre todo cuando tantos jóvenes vienen de hogares y familias fragmentadas, arriesgando su capacidad de entender, apreciar y ejercer una paternidad generosa.

Formación para el munus sanctificandi

Gran parte de la formación del seminario para la paternidad espiritual puede centrarse en la triple *munera* a través de la cual el futuro sacerdote ejercerá su paternidad.

Preparar a los hombres para ejercer el *munus sanctificandi* como sacerdotes es uno de los objetivos principales de toda la formación en el seminario, ya que es a través de este oficio que un sacerdote da más poderosamente vida sobrenatural a su pueblo, sobre todo a través de los sacramentos. Es por un crecimiento constante en la santidad que un hombre se vuelve más apto para celebrar los sagrados misterios. La validez de los sacramentos, por supuesto, no depende de la santidad del ministro, pero su santidad afecta las disposiciones de los fieles para recibir las gracias sacramentales. Mientras que un sacerdote no es necesariamente llamado a un mayor grado de santidad, puede decirse que tiene una mayor responsabilidad en la búsqueda de la santidad ya que la naturaleza de su vocación probablemente impactará la santidad y la salvación de tantos otros.

Esta obligación de esmerarse por buscar seriamente la santidad sacerdotal significa, ante todo, que un seminarista debe obtener un profundo aprecio por su propia filiación divina. En el orden natural, un hombre es primero un hijo y luego un padre. Solo puede transmitir la identidad y las responsabilidades de una madura filiación a sus propios hijos cuando las ha vivido él mismo. Esto es no menos cierto en la paternidad sobrenatural. Un padre sacerdotal solo puede transmitir la convicción de la filiación divina cuando está convencido de su importancia primero en su propia vida. Un seminarista preparándose para una vida con la misión de engendrar y formar hijos de Dios, debe estar especialmente atento a profundizar su propio sentido de filiación divina, modelando su vida a imagen del divino Hijo de Dios. Esto se consigue en un seminario que tiene una vida litúrgica entusiasta, fiel y hermosa, que hace énfasis en el crecimiento interior a través de la oración personal, la piedad y la adoración Eucarística, el servicio caritativo a los demás, una dirección espiritual sólida, devociones en común y retiros espirituales, al tiempo que fomenta una tierna devoción a la Santísima Virgen María.

Los cristianos "todavía no somos plenamente hijos de Dios", escribió el papa Benedicto XVI, "sino que hemos de llegar a serlo más y más mediante nuestra comunión cada vez más profunda con Cristo. Ser hijos equivale a seguir a Jesús."[17] Este es un trabajo que dura toda vida. Cerca del final de su vida, se dice que le preguntaron a Fulton Sheen cuánto tiempo le había llevado preparar cierta homilía. Él respondió: "Alrededor de cuarenta años." Lo mismo puede decirse de la comunión con Jesús, imagen perfecta del Padre, que es tan esencial para aquellos que aspiran a compartir la paternidad de Dios. Si este llamado particular a la santidad es cierto para los padres naturales, tanto más innegable es para el sacerdote cuya paternidad se dedica a fomentar esa comunión divina en las almas de sus hijos

Formación para el munus docendi

El entrenamiento para el ejercicio sacerdotal del *munus docendi* se realiza, en parte, formando futuros sacerdotes en el arte de la predicación y la enseñanza. Esto incluirá instrucción en habilidades tales como retórica, oratoria y pedagogía. Sin embargo, aún más fundamental es, nuevamente, que a través de una vida de oración constante un hombre esté preparado para dar su vida predicando el Evangelio. Hablando con sacerdotes en Varsovia en 2006, el papa Benedicto XVI les recordó que "los fieles esperan de los sacerdotes solamente una cosa: que sean especialistas en promover el encuentro del hombre con Dios. Al sacerdote no se le pide que sea experto en economía, en construcción o en política. De él se espera que sea experto en la vida espiritual."[18] Es la oración,

---

[17] Papa Benedicto XVI, *Jesus of Nazareth* (Nueva York: Doubleday, 2007), 138. [*N. del tr.*: Texto en español tomado de la traducción de la obra: *Jesús de Nazaret* (Nueva York: Doubleday, 2007), 172.]

[18] Papa Benedicto XVI, "Encuentro con el clero, Catedral de Varsovia", 25 de mayo del 2006

la vida interior, que fluye a través de la predicación de un sacerdote que conoce al Señor de manera íntima. La predicación de un sacerdote santo posee una autoridad y una inteligibilidad interna –y, por lo tanto, capacidad generativa–, que solo pueden fluir de la unión con el Señor. Son pocos los requerimientos de formación en los seminarios cuya urgencia es mayor que la de formar seminaristas que sean hombres de oración diaria, personal y perseverante.

Una formación completa en las Sagradas Escrituras y en la auténtica teología católica es una formación intelectual esencial para futuros predicadores. La eficacia de un predicador deriva de su conocimiento y de su esfuerzo, pero sobre todo de su intención de predicar a Cristo y la verdad del Evangelio, en lugar de a sí mismo. Como enfatizó el papa Benedicto XVI, la función del sacerdote es hacer presente "en la confusión y en la desorientación de nuestro tiempo, la luz de la Palabra de Dios, la luz que es Cristo mismo en este mundo nuestro. Por tanto, el sacerdote no... dice sus cosas, sus invenciones, sino que, en la confusión de todas las filosofías, el sacerdote enseña en nombre de Cristo presente, propone la verdad que es Cristo mismo".[19] Cuando los seminaristas se forman en un ambiente de entusiasta y segura fidelidad a las enseñanzas de la Iglesia, inculcarán esa misma fidelidad en las almas de aquellos a los que sirven. De hecho, en la medida en que comienzan a enseñar la fe catequéticamente, aunque solo sea para niños, los seminaristas ya pueden tener un vistazo a esta capacidad generativa paterna que algún día ejercerán como sacerdotes.

El sacerdote y, por lo tanto, el seminarista, también ejer-

---

[19] Papa Benedicto XVI, "Cristo nunca está ausente en la Iglesia, audiencia general" 14 de abril del 2010.

ce el *munus docendi* enseñando a través de su propio buen ejemplo de fe y de virtud. Naturalmente, esto no es simplemente una cuestión de aparentar ser santo por el bien de dar un buen ejemplo, sino de ser santo en realidad. Como en el caso de la paternidad natural, el teólogo P. Peter Ryan escribe que el padre virtuoso "no trata de dar un buen ejemplo delante de los hijos y después se porta mal cuando ellos no están cerca, o cuando piensa que ellos no lo sabrán. Él sabe que eso no funcionaría a la larga, y evita cuidadosamente enseñar a sus hijos la hipocresía y la duplicidad. Cuando hace algo mal, él les dice que estuvo mal y demuestra ser un buen ejemplo de arrepentimiento y restitución."[20] Como la novelista noruega Sigrid Undset afirmó: "Los padres tienen el deber de vivir de cierta manera que los hijos puedan venerarlos."

Así como la autoridad moral de un padre natural solo es creíble cuando se ve reforzada por su buen ejemplo, también ocurre de este modo en la paternidad sobrenatural de los sacerdotes. El Concilio Vaticano II insta así a los sacerdotes a convertirse en "modelos de la grey. . . acuérdense de que, con su conducta de cada día y con su solicitud, deben mostrar a los fieles e infieles, a los católicos y no católicos, la imagen del verdadero ministerio sacerdotal y pastoral."[21] Si su vida no es digna de imitación, si no se esfuerzan por una vida de santidad, no es ninguna sorpresa que ella genere tan pocos frutos. El fomento de esta santidad auténtica, natural

[20] Peter Ryan, "Second response to 'Self-Gift in Generative Love'", en *Spiritual Fatherhood: Living Christ's Own Revelation of the Father. Third Annual Symposium on the Spirituality and Identity of the Diocesan Priest, 13-16 de marzo del 2003,* ed. Eduardo G. Matthews (Emmitsburg, MD: Mount St. Mary's Seminary, 2003), 30.

[21] Concilio Vaticano II, Constitución Dogmática sobre la Iglesia *Lumen Gentium* (21 de noviembre de 1964), § 2

y genuina, sin pretensiones, es un objetivo general de todo buen programa de formación del seminario.

Formación para el munus regendi

La preparación para el *munus regendi* significa capacitar a seminaristas para proveer, guiar y proteger a las personas que un día les serán confiadas a su cuidado. Así, en su amor por la Santa Eucaristía, el seminarista tiene hambre de proporcionar el Pan de la Vida a los hijos de Dios. En su crecimiento en la oración, se prepara para proveer a su pueblo como su intercesor sacerdotal y predicando de lo que fluye desde su vida interior. Asumiendo los desafíos de la vida en el seminario y las tareas apostólicas, y en su experiencia personal de la misericordia de Dios, él se convierte en testigo del amor de Dios a los demás. En la alegría liberadora de seguir a Dios sin las cargas desproporcionadas respecto a lo humano, aprende a guiar a su gente por los caminos de amor de una manera que no genera falsas y desordenadas dependencias. Al crecer en la confianza personal, en el coraje, y en un inquebrantable deseo de promover el bien en su pueblo, aprende a ejercer la dimensión protectora del *munus regendi*. Será capaz de transmitir verdades difíciles o no deseadas de una manera que comunica su deseo genuino por el bienestar de su rebaño. Su liderazgo será claro y fuerte, a veces retador y siempre considerado y cautivador. Preparándose de esta manera para proteger su rebaño de desórdenes y errores internos, el futuro sacerdote también desarrollará el valor para enfrentar otras amenazas externas que de vez en cuando pueden afrontar las personas que le han sido confiadas.

Para el ejercicio del *munus regendi* es esencial que el sacerdote lo haga con un respeto sano y bien ajustado por la autoridad divina y eclesial. Fomentar una aproximación madura con aquellos que están en posiciones de liderazgo es, por lo tanto, un objetivo importante en la cultura de cualquier seminario. Un ex rector de seminario advierte de un "triángulo edípico" que aqueja a algunos sacerdotes que perciben al obispo como un padre dominante, a la Iglesia como una madre controladora y a los otros sacerdotes como hermanos competitivos. Como resultado, dice, muchos reducen su sacerdocio a una búsqueda desesperada de afirmación por parte de los tres.[22] El punto puede parecer algo melodramático, pero hay una cierta verdad en él. Gran parte de la cobardía de sacerdotes y obispos que condujo a la cultura del secreto, encubrimientos y autoprotección a expensas de las víctimas de los abusos sexuales se puede rastrear hasta esa relación hosca y temerosa con la autoridad eclesial. Hombres maduros, por el contrario, respetan consciente, libremente y con gusto los límites legítimos de la autoridad adecuada, sin atemorizar ni guardar resentimientos. Ven la autoridad sólida y la obediencia saludable como algo liberador y como fuente de crecimiento. No ven las figuras de autoridad como infalibles u omnipotentes y se sienten libres de ofrecer sugerencias e incluso corregirlos cuando sea necesario.

Para ayudar a que los seminaristas adquieran la virtud de una obediencia recta y varonil, dócil a la autoridad legítima y sin embargo lo suficientemente valiente como para desafiar a la autoridad cuando sea necesario, el personal del seminario debe esforzarse por formar un ambiente que enfatice el crecimiento de la libertad más que simplemente un temeroso cumplimiento. Los formadores deben confiar lo suficiente en su propia autoridad paterna para modelar

---

[22] Ver: Donald B. Cozzens, *The Changing Face of the Priesthood: A Reflection on the Priest´s Crisis of Soul* (Collegeville, MN: The Liturgical Press, 2000), 54–60.

tal ambiente y ayudar así a los seminaristas a desarrollar un estilo de liderazgo seguro para el futuro ejercicio de su propia autoridad sacerdotal.

Sin embargo, incluso con los mejores entornos la desconfianza en la autoridad, tan endémica en nuestra cultura, lamentablemente puede estar demasiado arraigada en algunos candidatos para que pueda ser superada a través de la formación en el seminario. Ya que su ejercicio de la obediencia siempre implicará un conflicto, estos candidatos no deberían ser promovidos en su formación.

Padres formando padres

Al modelar y remodelar constantemente la vocación sacerdotal a la luz de la paternidad, los formadores en los seminarios se asegurarán de que no siga siendo un concepto abstracto, sino que más bien evoque actos concretos de generosidad y una determinación sincera por parte del seminarista para acoger su propio desarrollo como un futuro padre. Los encargados de la formación en el ministerio sacerdotal son responsables de nutrir esta cultura. Se entiende entonces que el sacerdote elegido para el trabajo en el seminario debe ser capaz de dar un testimonio vivo, práctico y auténtico, de masculinidad madura y paternidad célibe sacerdotal. Este testimonio ayudará a los seminaristas a asumir la paternidad sobrenatural no sólo a través de los medios formales de formación, sino quizás con mayor efectividad, a través del ejercicio que hagan los padres del seminario de su propia paternidad espiritual con los seminaristas mismos. Es siempre al recibir el don de la paternidad que los hombres están más listos para ejercerla.

Sin embargo, no es sólo el testimonio de los padres espirituales lo que necesita un seminarista −y de hecho todo sacerdote. La sabiduría y el testimonio de los padres biológicos también pueden contribuir a la formación de la paternidad sacerdotal. Sus experiencias de la paternidad, a menudo en el crisol del sufrimiento y la generosa donación de uno mismo, pueden afirmar en los sacerdotes y seminaristas la nobleza de su vocación, ofreciendo una experiencia de vida irremplazable, y recordándoles que el sacrificio siempre está unido a las alegrías de paternidad. "Lo que los buenos padres son capaces de hacer por sus hijos biológicos", señala Raniero Cantalamessa, "el nivel de olvido de sí mismos que son capaces de alcanzar para proporcionar el bienestar de sus hijos, sus estudios y su felicidad debe ser la medida de lo que deberíamos hacer por nuestros hijos espirituales y por los pobres."[23] Como pregunta John Cavadini, profesor de la Universidad de Notre Dame: ¿no hay una manera en que él, como padre experimentado, pueda guiar a un sacerdote recién ordenado...

...para que entienda poco a poco lo que significa ser un "papá" – y crecer lentamente en ese papel, en el camino adecuado para su estado en la vida? Y, ¿no puedo aprender también sobre la esencia de mi propia paternidad de alguien como el Obispo D'Arcy, quien nunca estuvo casado y no tiene hijos, pero que de alguna manera en el ejercicio de toda una vida de caridad pastoral me ha mostrado una paternidad espiritual que reconozco como paternidad real en parte por la forma en que recupera mi propia versión hacia algo "más elevado" no por negación sino por

---

[23] Cantalamessa, "Dimensions of Priestly Celibacy", en *The Charism of Priestly Celibacy: Biblical, Theological, and Pastoral Reflections*, ed. John C. Cavadini (Notre Dame, IL: Ave Maria Press, 2012), 24.

afirmación?... Sin el testimonio de aquellos cuya paternidad es únicamente espiritual, la paternidad natural puede colapsar sobre sí misma y convertirse en fanatismo. Por su parte, sin el ejemplo vivo, efectivo y auténtico de quienes son, literalmente, padres, la paternidad espiritual se vuelve una mera intuición.[24]

Los padres naturales y los sacerdotes pueden ser de gran ayuda el uno al otro. La similitud entre su "vida mutua de sacrificio es perfecta para extenderse el uno al otro un afecto mutuo y apoyo espiritual. Idealmente", agregan los teólogos Perry Cahall y el diácono James Keating, "los papás de la parroquia deberían ser los amigos más fieles del sacerdote."[25] Y lo mejor es que pueden ser grandes modelos y mentores para los hombres jóvenes preparándose para el sacerdocio como seminaristas.

Por lo tanto, la formación en la paternidad sacerdotal debe ser intencional e integral a lo largo de los años en el seminario. Así como el marco cultural más amplio juega un papel importante en la formación de los padres naturales, también la cultura del seminario tiene un papel importante que desempeñar en la formación de padres espirituales. Ser seminarista es algo así como el tiempo de anticipación para un hombre que espera su primer hijo mientras se prepara para asumir nuevas responsabilidades y un nuevo título. A menudo se produce un cambio notable. Su ensimismamiento da paso a un sentido de responsabilidad y un deseo de en-

---

[24] Correspondencia privada con el autor, 18 de febrero del 2012.

[25] Perry J. Cahall y James Keating, "Spiritual Fatherhood", *Homiletic and Pastoral Review* 110, no. 2 (noviembre del 2009): 19. Ver también: Papa Francisco, Exhortación Apostólica Postsinodal sobre el Amor en la Familia *Amoris Laetitia* (19 de marzo del 2016), § 162.

tregarse a su esposa e hijo. La paternidad saca a un hombre de sí mismo, ensancha su corazón para acoger a su hijo nuevo, y lo fortifica para los sacrificios diarios necesarios para mantener a su familia. La convincente visión del sacerdocio vivido como una vocación de paternidad espiritual tiene el potencial de efectuar un cambio similar en el corazón de un joven que se prepara para el ministerio sacerdotal.

FORMANDO PADRES CASTOS

El celibato es un poderoso motivo y un apoyo para el ejercicio de la paternidad sacerdotal, y una fuente de tremenda alegría y satisfacción para el sacerdote, pero no se puede negar que algunas veces es un camino difícil de recorrer. Formar hombres para el celibato sacerdotal significa dirigir sus energías sexuales en una dirección positiva, hacia la generación de nueva vida en el orden de la gracia y la edificación del Reino de Dios. El celibato no puede seguir siendo una carga debilitante para aquellos en las Órdenes Sagradas, y si un seminarista parece incapaz de vivir fiel y alegremente el celibato, no debería avanzar a la ordenación.[26] Mientras que se puede señalar con insistencia que el celibato no es, evidentemente, la causa de la infidelidad sexual entre sacerdotes, ciertamente es correcto decir que la falta de castidad *sí lo es*. De acuerdo a sus edades, entonces, los hombres célibes deben aprender hábitos que conduzcan a la integridad sexual y personal. La cultura hiper-sexualizada en la que la mayoría de los sacerdotes ejercerán su ministerio hace que esta dimensión de formación hoy sea más imperativa que nunca. Fomentar buenos hábitos en el corazón de cada seminarista

---

[26] Ver: Congregación para el Clero, *El Don de la Vocación Presbiteral*, no. 110

es una tarea crucial para cada seminario y formador.

Dicha formación comienza con una visión entusiasta y positiva acerca de la sexualidad humana misma y de la capacidad de amar. Como espíritus encarnados, todo ser humano es un ser sexual, masculino o femenino – la única diferencia humana que Dios ha querido explícitamente en la Creación (Gen. 1,27). Esto es tan cierto para el sacerdote célibe como lo es para el laico casado, y cualquier buen programa de formación fomentará una saludable aceptación del cuerpo. "La sexualidad humana, como la conocemos hoy," escribe Raniero Cantalamessa, "no se limita únicamente a su función procreadora, sino que tiene un amplia gama de posibilidades y resonancias dentro de una persona, algunas de las cuales son completamente válidas para personas célibes y vírgenes. La persona célibe y la virgen han renunciado al ejercicio activo de la sexualidad, pero no a la sexualidad misma. No es algo que nosotros dejemos atrás. Permanece y 'manifiesta' diversas expresiones de una persona. El célibe no deja de ser hombre, ni la virgen deja de ser mujer."[27]

Sin embargo, esta bondad esencial de ser humano está acompañada de las pasiones que, siendo buenas en sí mismas, también pueden llevarnos a acciones pecaminosas. El impulso sexual es especialmente poderoso y por lo tanto requiere disciplina y atención especial. Es la virtud de la castidad la que permite a una persona, sea cual sea su vocación, atemperar y canalizar sus deseos sexuales de una manera positiva y vivificante. La castidad cuida nuestra capacidad de amar, protegiéndola de las cadenas del pecado que eventualmente nos devorarían. C. S. Lewis sabiamente observa que, algunas veces, "podemos dar a nuestros amores humanos la adhesión

---

[27] Cantalamessa, "Dimensions of Priestly Celibacy", 20–21.

incondicional que solamente a Dios debemos, podemos convertirlos en dioses, en demonios. De este modo se destruirán a sí mismos y nos destruirán a nosotros; porque los amores naturales que se convierten en dioses dejan de ser amores. Continuamos llamándoles así, pero de hecho pueden llegar a ser complicadas formas de odio".[28]

La castidad, entonces, es liberarse *del* pecado, pero aún más importante es una libertad *para* la auténtica amistad y comunión. Es una libertad para la santa pureza. El gran escritor católico y apologista Frank Sheed comenta que "la castidad como tal es simplemente un hecho de la propia autobiografía. Significa que uno no ha tenido una experiencia corporal particular. Si esto es por el amor de Dios es una virtud, mas no lo es si esto es así solo porque uno tiene miedo a las mujeres, o no tiene una inclinación natural hacia las mujeres, o prefiere su colección personal de estampillas. Pero la pureza significa la dirección de energía para Dios sin mezclas de uno mismo."[29] La verdadera castidad (lo que Sheed llama pureza) pone orden a los amores humanos, sea cual sea la vocación de uno, y nos permite interactuar naturalmente y de manera saludable tanto con hombres como con mujeres. No es la virtud más importante —esa sería la caridad—, pero es indispensable para la vida de santidad.[30] Uno simplemente no puede progresar en la vida espiritual, y

---

[28] C. S. Lewis, *The Four Loves* (San Diego: Harcourt Brace Jovanovich, 1960), 19-20.
[*N. del tr.*: Texto en español tomado de la traducción disponible bajo el título: *Los Cuatro Amores*, trad. Pedro A. Urbina (Madrid: Ediciones Rialp S.A., 2005), 18).

[29] Frank Sheed, *Theology and Sanity* (San Francisco: Ignatius Press, 1993), 460–461.

[30] Ver: Congregación para el Clero, *Directorio para la Vida y Ministerio de Sacerdotes*, no. 82.

mucho menos en la vida sacerdotal, sin ella.

Así como el aprendizaje de las reglas para pintar o escribir partituras permite que uno pueda producir bellas pinturas y música armoniosa, así también las reglas de la castidad atemperan la capacidad de amar de una manera verdaderamente enriquecedora. Cuando estas reglas son inculcadas desde una edad temprana y fomentadas en la familia de una manera clara, saludable y positiva, es mucho más fácil para una persona joven preservar en una castidad bien integrada durante los turbulentos años de la adolescencia. Lamentablemente, esto a menudo no sucede. Muchos padres no entienden su papel en el fomento de la castidad en sus hijos —si es que aceptan la idea de la necesidad de la castidad—, y aparentemente todo el aparato cultural de las redes sociales, medios de comunicación, videos de internet, música, videojuegos, películas y programas televisión, parecen estar trabajando en concierto para promover entre los jóvenes el rechazo de esta virtud tan crucial.

Los seminaristas no son inmunes a estas amplias influencias culturales. Muchos vienen al seminario con experiencias sexuales propias, incluida la exposición a la pornografía en Internet – a menudo desde una edad muy temprana, cuando puede causar mayor confusión y plantar las semillas para futuras adicciones sexuales.

Aunque debemos simpatizar profundamente con la injusticia hecha en su contra por los efectos tóxicos de las consecuencias de la revolución sexual, también es importante que cada seminarista entienda, en términos claros e inequívocos, la expectativa de que desarrolle una castidad íntegra y auténtica previa a su ordenación. Un ambiente de transparencia y sinceridad en el seminario —tanto en la curia interna de la dirección espiritual como en la curia externa de la formación y asesoramiento–, es esencial para que los seminaristas se sientan cómodos hablando claramente sobre las luchas, aspiraciones y deseos que experimentan.[31] De esta manera, aunque un seminarista maduro e íntegro no deje de sentirse atraído por las mujeres, él puede aprender a integrar bien esos sentimientos, llevarlos a la oración, hablar sobre ellos con su director espiritual y otros mentores, y encontrar en amistades saludables, su trabajo apostólico y una vida equilibrada, medios positivos para canalizar su capacidad de amar.

Mientras se dirige hacia un acogimiento definitivo del celibato, debe haber parámetros claros en el camino. La actividad sexual, de cualquier tipo, con cualquier otra persona, se constituye en motivo de expulsión del seminario. Cualquier uso de pornografía en internet debe ser abordado inmediatamente, utilizando todos los medios naturales y sobrenaturales disponibles, hasta que el hábito sea roto. Los conflictos crónicos y serios para permanecer castos en pensamiento, palabra o acción se vuelven progresivamente más preocupantes, y finalmente descalificantes, a medida que un hombre se acerca a su ordenación. "Sería gravemente imprudente admitir al sacramento del Orden a un seminarista que no hubiese madurado una afectividad serena y libre", declara la *Ratio Fundamentalis Institutionis Sacerdotalis* del 2016. Añade que debe ser "fiel en la castidad celibataria, a través del ejercicio de las virtudes humanas y sacerdotales, entendida como apertura a la acción de la gracia y no sólo como esfuerzo de la voluntad."[32] Para este fin, se deben enseñar a los seminaristas todos los medios necesarios para crecer en auténtica

---

[31] Ver: Papa Pablo VI, Carta Encíclica sobre el celibato del sacerdote *Sacerdotalis Caelibatus* (24 de junio de 1967), §§ 67–68.

[32] Congregación para el Clero, *El Don de la Vocación Presbiteral*, no. 110

castidad. El Concilio Vaticano II enseñó que:

> Cuando más imposible les parece a no pocas perso-
> nas la perfecta continencia en el mundo actual, con
> tanto mayor humildad y perseverancia pedirán los
> presbíteros, juntamente con la Iglesia, la gracia de
> la fidelidad, que nunca ha sido negada a quienes la
> piden, sirviéndose también, al mismo tiempo, de to-
> das las ayudas sobrenaturales y naturales, que todos
> tienen a su alcance. No dejen de seguir las normas,
> sobre todo las ascéticas, que la experiencia de la
> Iglesia aprueba, y que no son menos necesarias en el
> mundo actual.[33]

Los medios naturales para crecer en castidad incluyen una
desconfianza saludable hacia uno mismo y evitar las ocasiones de pecado; conociendo los signos de vulnerabilidad como
el aburrimiento, la tristeza, la soledad, el desánimo y la fa-
tiga; templanza en el uso de internet, dispositivos móviles
y redes sociales; guardando los sentidos y, especialmente, el
resguardo de los ojos; establecer límites claros en amistades
con mujeres, similares a los de un hombre casado responsable; un equilibrio de vida que incluya trabajo, oración, ejercicio y recreación saludable; exposición regular a la belleza
en el arte, la literatura y la música; fomentando profundas y
auténticas amistades con hombres, especialmente con hermanos seminaristas. La formación en obediencia madura y
en una sencillez de vida, con todos sus sacrificios prácticos y
desapegos, también ofrece muchos beneficios paralelos para

---

[33] Concilio Vaticano II, Decreto sobre el Ministerio y la Vida de los Sacerdotes
Presbyterorum Ordinis (7 de diciembre de 1965), § 16.

el crecimiento de la castidad.

Los medios sobrenaturales para crecer en castidad incluyen una ferviente vida interior, oración mental diaria, confesión frecuente y examen diario de conciencia, un conocimiento del combate espiritual y una fuerte confianza en la protección maternal de la Santísima Virgen.[34] De particular interés es el poder de la Adoración Eucarística, idealmente una práctica diaria en el seminario, "uno de los mejores antídotos contra la hipersensualidad y la cultura hipervisual en la que vivimos", argumenta Michael Heintz. "En marcado contraste con el brillo y el glamour, el destello y la furia de las imágenes que nos arrojan los distintos medios", escribe,

> Cristo se nos revela en la forma más simple, en el elemento aparentemente más ordinario, en una forma que es emblemática de toda la economía divina, agachándose hasta nosotros para mostrarse a sí mismo, para entregarse y para curar nuestro orgullo con su propia Divina humildad. En una época en que nos enfrentamos a la sobrecarga de sensualidad sensorial, parar, pausar, fijar nuestra mirada en Cristo y tener nuestra imaginación moldeada por Él, quien se entregó por nosotros, debería ser una característica habitual de formación en el seminario y de formación continua de cada sacerdote.[35]

---

[34] Para una lista de los medios naturales y sobrenaturales para crecer en la castidad, ver Congregación para el Clero, *Directorio para la Vida y Ministerio de Sacerdotes*, no. 82.

[35] Michael Heintz, "Configured to Christ: Celibacy and Human Formation", en *The Charism of Priestly Celibacy: Biblical, Theological, and Pastoral Refelctions*, ed. John C. Cavadini (Notre Dame, IL: Ave Maria Press, 2012), 81.

El auto dominio de la castidad rara vez se ganará si no es por una búsqueda más amplia de templanza y de negación propia. En la medida que un seminarista crece en estos hábitos moderadores y resiste al espíritu de compensación e indulgencia, irá su crecimiento en la castidad desarrollándose con mayor facilidad. La negación de sí mismo incluye pequeñas mortificaciones a lo largo del día, así como hábitos regulares de mortificación del cuerpo, los sentidos, la imaginación y la memoria.[36] Un área importante de mortificación es la búsqueda de orden personal y de disciplina, lo que le dará consistencia en sus prácticas espirituales, diligencia en el trabajo y un equilibrio en su vida que será altamente favorable para el crecimiento en la castidad. Como el Secretario de la Congregación para la Educación Católica escribió con ocasión de la publicación de *Pastores Dabo Vobis*:

La castidad no es una flor del evangelio encerrada dentro de algún invernadero, sino que crece junto a todas las demás flores en el jardín de la vida evangélica. Necesita un ambiente positivo, ordenado, limpio, aire libre. La castidad armoniza con las demandas del trabajo y del estudio, se fortalece en el compromiso personal y comunitario de una piedad genuina, se expande en la comunidad de las relaciones humanas. Necesita ser equilibrada para estar saludable, necesita horarios regulares para descansar y para la recreación, la práctica de algún deporte

---

[36] Ver, por ejemplo: Congregación para la Educación Católica, "Orientaciones educativas para la formación al celibato sacerdotal" 73, no. 23. Además: Papa Juan Pablo II, Exhortación Apostólica Post-sinodal sobre la formación de los sacerdotes en la situación actual *Pastores Dabo Vobis* (15 de marzo de 1992), § 48.

y de algún pasatiempo artístico o intelectual. Madura con las experiencias iniciales del apostolado y del servicio a los demás. La vida célibe toma forma y saca fuerza en la alegría de la comunión abierta, donde los hechos, las palabras y los deberes están impregnados de verdad y cordialidad.[37]

Cuando ha comenzado a hacer un progreso significativo hacia una castidad genuina, el seminarista está en una posición mucho mejor para discernir el llamado al celibato y para formarse para ello. Esto es así porque el celibato es una forma de amar sexualmente –el don del cuerpo y alma a Dios y a los demás, ordenada a la caridad universal, para todos los hombres y mujeres–, y es una forma privilegiada de vivir la paternidad sobrenatural. Es una forma de amar que es espiritual pero también completamente humana, un llamado sobrenatural que solo puede ser plenamente vivido a través del poder de la gracia acogida por los esfuerzos humanos. El amor siempre implica sacrificio y sufrimiento, y el amor casto célibe no es la excepción. A pesar de ello, de la manera en que un sinnúmero de sacerdotes lo ha demostrado, también puede ser una bendición profunda para la Iglesia y, para el hombre mismo, un camino hacia la alegría personal en una vida vivida por el Reino de Dios.

---

[37] Jose Saraiva Martins, "Training for Priestly Celibacy", accedido el 5 de octubre, 2018, http://www.vatican.va/roman_curia/congregations/cclergy/documents/rc_con_cclergy_doc_01011993_train_en.html.

Capítulo cuatro

Beneficios adicionales del celibato

SOBRE EL ALTAR del Venerable Colegio Inglés de Roma se encuentra colgada una pintura de la Santísima Trinidad de Durante Alberti. La pintura ocupa un lugar privilegiado en el corazón de cada sacerdote inglés. En el siglo XVI, cada vez que uno de los egresados del colegio había sido capturado y ejecutado brutalmente en Inglaterra, los seminaristas se reunían enfrente de esa pintura y cantaban el *Te Deum*, el himno de alabanza más preciado de la Iglesia, para agradecer a Dios por el regalo de la perseverancia de su hermano y la bendición de un nuevo mártir. La disposición de esos jóvenes para abrazar el martirio después de la ordenación fue posible, en parte, gracias a su radical compromiso con el celibato. Así como también era su ardiente deseo de predicar el Evangelio en su tierra natal, para enseñar la fe a los muchos católicos no formados y ofrecer los sacramentos a costa de un gran riesgo personal.

Estas son las responsabilidades y las bendiciones de la paternidad espiritual, tan profundamente arraigada en el celibato sacerdotal, que ya consideramos detenidamente a lo largo de los primeros tres capítulos. Pero hay gracias adicionales del celibato para el sacerdote mismo, para la Iglesia, para las personas a las que sirve, y para el mundo en general. Se encuentran entre los dones elegidos que el Señor ha dejado a su Iglesia a través del don del celibato sacerdotal.

GRACIAS DEL CELIBATO

La santidad

Aunque el celibato del sacerdote diocesano no está ordenado, como ya se planteó anteriormente, principalmente hacia su santidad personal, al mejorar su ministerio también puede contribuir a su santificación. El Concilio Vaticano II enseñó que a través del celibato los sacerdotes "se unen a Él [Cristo] más fácilmente con un corazón indiviso, se dedican más libremente en Él y por Él al servicio de Dios y de los hombres... y con ello se hacen más aptos para recibir ampliamente la paternidad en Cristo".[1] Este "corazón indiviso" del sacerdote célibe refleja su renuncia al matrimonio y a los hijos naturales a propósito de un bien aún mayor. El Concilio exhortó a todos los sacerdotes que "recibieron libremente el sagrado celibato según el ejemplo de Cristo, a que, abrazándolo con magnanimidad y de todo corazón, y perseverando en tal estado," orando por la gracia de la fidelidad y cumpliendo "las normas de la práctica ascética," que hoy son tan necesarias como siempre.[2] Por lo tanto, la ofrenda del celibato esta dispuesta a la santidad alentando una

---

[1] Concilio Vaticano II, Decreto sobre el ministerio y la vida de los sacerdotes *Presbyterorum Ordinis* (7 de diciembre de 1965), § 16.
[2] Concilio Vaticano II, *Presbyterorum Ordinis*, § 16.

vida más dedicada a Dios, invitando al sacerdote a abrazar más su paternidad generosamente, y fomentando una actitud ascética que puede ser la ocasión para crecer en gracia.

El P. John Cihak, autor de profundos artículos sobre el sacerdocio, señala que hay un ascetismo en el celibato sacerdotal que se basa en la "soledad esencial que se siente en la Cruz", una aflicción por el consuelo del matrimonio y de los hijos con los que debe lidiar el célibe.[3] Como Santa Teresa de Calcuta comentó alguna vez a los sacerdotes: "Su celibato sacerdotal es el terrible vacío que experimentan. Dios no puede llenar lo que está lleno, él solo puede llenar el vacío... No es realmente cuánto "tenemos" para dar, sino cuán vacíos estamos – así podemos recibir plenamente y dejar que él viva su vida en nosotros."[4]

Al igual que la naturaleza, el corazón humano (por así decirlo) aborrece el vacío y buscará con qué llenarse. Cuando el celibato se vive mal, ese vacío a menudo se llena con elogios humanos, distracciones cuestionables, los placeres de la mesa, artilugios tecnológicos, caros pasatiempos o colecciones, gratificación sexual – la lista es prácticamente interminable. Cuando el celibato se vive bien, sin embargo, con una vida interior y con generosidad, ese mismo vacío se llena de Dios y de las cosas de Dios, con la fecundidad y las alegrías inexpresables de la paternidad célibe.

El testimonio de innumerables sacerdotes a través de los siglos demuestra que Dios da a sus siervos cada gracia y cada

---

[3] Cihak, "The Blessed Virgin Mary's Role in the Celibate Priest's Spousal and Paternal Love," *Sacrum Ministerium* 15, no. 1 (2009): 159.

[4] Teresa de Calcuta, "Priestly Celibacy: A Sign of the Charity of Christ" (1993): consultado el 5 de octubre del 2018, http://www.vatican.va/roman_curia/congregations/cclergy/documents/rc_con_cclergy_doc_01011993_sign_en.html.

oportunidad que necesitan para vivir bien el celibato. Recibiendo esos dones, el sacerdote crece en su conformidad al Único en cuya paternidad comparte y en su dedicación al ministerio. A través de estos dones, crece en santidad personal.

La caridad pastoral

Un segundo bien espiritual del celibato es el estímulo para intensificar su caridad pastoral hacia el pueblo de Dios, en una vida de servicio sacerdotal generoso. Como se señaló en el último capítulo, un cambio ocurre en el corazón de cada hombre cuando se convierte en padre biológico. Su misma identidad se transforma. Él es para siempre un "padre," con toda la responsabilidad que ello conlleva. Mirando a su niño recién nacido, Cahall y Keating escriben, "un hombre puede sentirse completamente abrumado, y puede verse sacudido al darse cuenta que ahora está llamado a entregarse por completo para proteger la preciosidad que ve delante de él."[5] Es invitado a entrar en una nueva vida de entrega generosa de sí mismo.

Cuando nace un niño hay dos nacimientos: el niño nace a la vida y el hombre nace en la paternidad. Comprender el significado completo de su nueva identidad puede ser una experiencia abrumadora para un nuevo padre. Respondiendo a las demandas de la paternidad con todo el corazón, un hombre permite que toda su vida sea transformada por las responsabilidades diarias de una familia: las noches de insomnio, las preocupaciones financieras, la pérdida de privacidad y de las distracciones que su corazón anhela. Un padre escribe que, a pesar del shock inicial de la paternidad,

---

[5] Perry J. Cahall y James Keating, "Spiritual Fatherhood", *Homiletic and Pastoral Review* 110, no. 2 (noviembre del 2009): 16.

a través del agotamiento, del estrés financiero, los gritos, y el caos general, entra a veces, misteriosa e inesperadamente, una profunda satisfacción y gratitud... Todo lo que hace, desde traer a casa un cheque de pago hasta pintar una habitación, tiene un nuevo fin y, por lo tanto, un mayor significado. Las alegrías y las penas de sus hijos son ahora sus alegrías y tristezas; las apuestas de su vida han aumentado. Y si él es fiel a su vocación puede llegar a encontrar que, contrario a casi todas las expectativas previas, él no va a querer volver a la manera como solían ser las cosas.[6]

Esta experiencia, tanto su desafío como su alegría, no es menos cierta en la paternidad espiritual. La paternidad sobrenatural de Cristo mismo siguió este patrón de sufrimiento que se abre hasta la alegría de una nueva vida. Jesús se entregó a otros sin cálculo y sin límite, y en su Encarnación, muerte, y Resurrección nació su paternidad. Al entregarlo todo, Cristo emergió triunfante y alegre en la Resurrección y continúa derramando su vida de gracia para la generación de nueva vida. Al compartir la paternidad de Cristo, el sacerdote también comparte este Misterio Pascual y sigue el mismo camino.

San Juan María Vianney identificó el sacerdocio con "el amor del corazón de Jesús".[7] La paternidad del sacerdote, al igual que la de Cristo y la de los padres naturales, solo será

---

[6] Andrew Peach, "On the Demise of Fatherhood". *First Things: On the Square* (17 de junio del 2009): consultado el 5 de octubre del 2018, http://www. firstthings.com/onthesquare/2009/6/on-the-demise-of-fatherhood

[7] San Juan Vianney, citado en B. Nodet, *Jean-Marie Vianney*, Curé d 'Ars, 100; citado en CIC 1589.

fecunda si se derrama generosamente. La expansión del corazón de un hombre que mira a su hijo recién nacido por primera vez puede y debería suceder en el corazón de cada sacerdote que comprende lo genuino de su propia paternidad y la responsabilidad que conlleva. Como el padre natural cuyos cuidados y obligaciones han crecido, pero quien encuentra en su generosa respuesta una profunda alegría más allá de lo que él creía posible, también se incita al sacerdote a hacer un don radical de sí mismo en nombre de su pueblo. Al hacer ese regalo, él encontrará su más profunda satisfacción. En esto, como en muchas otras áreas, los sacerdotes tienen mucho que aprender de los padres biológicos. Como ellos, el sacerdote no está llamado simplemente a cumplir ciertas funciones paternas, ni simplemente a servir a su pueblo, sino a amarlo con todo su corazón. Por virtud de su paternidad, el sacerdote pone a disposición de su pueblo toda la fuerza y la capacidad de su naturaleza masculina, y al hacerlo así, lleva su personalidad a su madurez y plenitud.

"Una de las gracias del celibato", escribe el Arzobispo J. Peter Sartain, "es que en Cristo nuestra familia se expande para incluir a todos aquellos a quienes Él nos envía. No importa su edad, raza, cultura, o idioma, son nuestros hijos – y tienen derecho sobre nosotros."[8] El sacerdote, paradójicamente, solo puede experimentar la libertad comprometiéndose con los demás, solo puede encontrarse perdiéndose a sí mismo en el sacrificio, y solo puede recibir el don de la alegría al entregarse generosamente a su pueblo.

---

[8] J. Peter Sartain, "Beloved Disciples at the Table of the Lord: Celibacy and the Pastoral Ministry of the Priest", en *The Charism of Priestly Celibacy: Biblical, Theological, and Pastoral Reflections*, ed. John C. Cavadini (Notre Dame, IL: Ave Maria Press, 2012), 136.

La fidelidad

Un tercer bien espiritual del celibato es una mayor motivación para ser fiel a la Iglesia y a sus enseñanzas. La paternidad del sacerdote, derivada de su configuración a Cristo, Cabeza de la Iglesia, está mediada por la maternidad de la Iglesia como la Novia de Cristo. Así como un hombre que se convierte en padre está especialmente obligado a exhibir una fidelidad refinada y constante a su esposa, también el sacerdote, consciente de su paternidad, tiene un amor aún más profundo por la Iglesia, la madre de sus hijos. Será especialmente consciente de demostrar una visible adherencia a sus enseñanzas y su guía, sabiendo que pocas cosas son más perjudiciales para la unidad de una familia que uno de los padres socave la autoridad del otro. De hecho, la propia capacidad generativa del sacerdote está en juego en la medida que es fiel a la Iglesia, ya que es la credibilidad de la misma como su madre espiritual común lo que permite a un sacerdote predicar con confianza la fe transmitida por los apóstoles a sus sucesores. Como afirma el arzobispo Coakley, "Estar consciente y sinceramente en comunión con la Iglesia es lo que le da a nuestro ministerio su poder generativo."[9]

Al transmitir fielmente sus enseñanzas, el sacerdote paternal irradia un amor sincero por la Iglesia que se transmite casi inconscientemente a aquellos a quienes sirve, algo como el amor de un hombre por su esposa que se comunica inconscientemente cuando habla de ella. A través de su fidelidad, el sacerdote ofrece a sus hijos espirituales el precioso regalo del amor y la admiración por su propia madre, uno de los

---

[9] Paul S. Coakley, "The Priest as Father 101", en *Spiritual Fatherhood: Living Christ' s Own Revelation of the Father. Third Annual Symposium on the Spirituality and Identity of the Diocesan Priest*, ed. Edward G. Matthews (Emmitsburg, MD: Seminario Mount St. Mary's, 2003), 38.

mejores regalos que cualquier padre natural o sobrenatural puede otorgar.

Como en el matrimonio, este amor por la Iglesia es una cuestión de elección, trabajo duro y, a veces, un sacrificio heroico por parte del sacerdote. Así, el Dr. Scott Hahn brinda a los seminaristas y sacerdotes la clave para una familia floreciente:

> El secreto es este: esforzarse todos los días para enamorarse más de su esposa, y de los hijos que ella le ha dado. A estas alturas, ustedes son hombres adultos y probablemente han conocido muchas parejas casadas que se han "desenamorado"... La analogía aplica igual de bien a los padres sacerdotales que abandonan a su esposa, la Iglesia, y a sus hijos – y para aquellos que se quedan con ella de mala gana y siendo miserables. Desenamorarse suele ser involuntario. Sin embargo, permanecer enamorado exige voluntad, trabajo y ayuda de Dios Todopoderoso. Pero las recompensas bien valen nuestro esfuerzo.[10]

La fraternidad

Un cuarto bien espiritual del celibato sacerdotal es una mayor motivación para fortalecer el vínculo fraterno entre los sacerdotes.[11] Fluyendo de su fidelidad a la Iglesia y estimulado por la conciencia de su propia paternidad, un sacerdote

---

[10] Scott Hahn, "The Paternal Order of Priests", en *Spiritual Fatherhood: Living Christ´s Own Revelation of the Father. Third Annual Symposium on the Spirituality and Identity of the Diocesan Priest, 13-16 de marzo del 2003*, ed. Edward G. Matthews (Emmitsburg, MD: Seminario Mount St. Mary's, 2003), 4–5.

[11] Ver: Papa Pablo VI, Carta Encíclica sobre el celibato del sacerdotal *Sacerdotalis Caelibatus* (24 de junio de 1967), §§ 79–80.

también se ve animado a fortalecer su unión con sus hermanos sacerdotes, los otros padres con quienes trabaja.

El celibato proporciona el espacio emocional, y el sacerdocio compartido provee del espacio espiritual para cultivar amistades profundas y permanentes entre los sacerdotes. En una época con menos sacerdotes, estos lazos fraternos son más necesarios que nunca. De hecho, en un tiempo con menos amistades masculinas en general, la hermandad presbiteral da testimonio a otros hombres de que la amistad masculina aún es posible e incluso constitutiva de una vida plena. Muchos sacerdotes, por ejemplo, han iniciado grupos de hombres en sus parroquias, fomentando, entre los laicos, el tipo de amistades que ya disfrutan entre sus hermanos sacerdotes. La mayoría de estos grupos se reúnen a horas inconvenientes –muy temprano en la mañana de los sábados, por ejemplo– para evitar interrumpir las otras actividades familiares. Es revelador que tantos hombres estén dispuestos a hacerlo, y que tantos estén dispuestos al sacrificio con tal de lograr amistades espiritualmente sólidas entre hombres. La fraternidad célibe de los sacerdotes puede proporcionarles aliento y un ejemplo actual.

Además, un signo clave de un presbiterado saludable es el celo con el que los sacerdotes encienden las llamas de la vocación sacerdotal en los corazones de los jóvenes. Dado que ese celo por las vocaciones es a menudo el fruto de la fraternidad de la que gozan los sacerdotes, un programa de vocaciones vibrante es indirectamente otra bendición espiritual del celibato sacerdotal. El psiquiatra católico Conrad Baars comenta sobre el convincente testimonio que dan los sacerdotes paternales y fuertes:

No puedo entender cómo es que los hombres jóvenes, íntegros, *caelebs* [solteros], virtuosos, masculinos y bien educados podrían dejar de responder al llamado de la hermosa y viril vocación del sacerdocio. No puedo entender cómo no podrían estar ansiosos de asumir la tarea del sacerdote de llevar a los hombres al amor de Dios siendo un *alter Christus* [otro Cristo], enseñando las verdades divinas sin temor de herir los sentimientos de las personas o ser impopular, exponiendo y oponiéndose a herejías, defendiendo la ley de Cristo, por su disposición a arriesgarse a la traición, encarcelamiento, tortura y muerte al llevar a Cristo a las naciones cautivas, al ser líderes en las implacables batallas contra el mal moral. No puedo entender cómo es que los jóvenes maduros no podrían anhelar afirmar la vida Cristo en su continuo e infinito amor por todos los hombres respondiendo a su amor en nombre de muchos.[12]

Como mostrará cualquier programa de vocaciones exitoso, es el testimonio de los sacerdotes fieles, generosos, viriles, unidos por lazos fraternos, el que irradia más fuertemente el atractivo de la vocación sacerdotal.

La identidad sacerdotal

Un quinto bien espiritual del celibato, entre muchos que podrían ser elegidos, es la confirmación de la identidad del sacerdote. Ya se ha observado que, para muchos, la identidad sacerdotal ha dado paso a un funcionalismo que cada vez

---

[12] Conrad W. Baars, *A Priest for All Seasons* (Chicago: Franciscan Herald Press, 1972), 48.

más considera el ministerio como una serie de programas y tareas administrativas. Recuperar la identidad del sacerdote significa recuperar no el *qué* sino el *quién* es él. Una parte importante de esa identidad se encuentra en su propia paternidad sacerdotal célibe. Tal identidad le recuerda al sacerdote su propósito en la vida, su lugar en el mundo, y le permite transmitir a su pueblo la identidad como hijos de Dios.

Hacerse plenamente consciente de su propia paternidad es un momento transformador en la vida de un sacerdote, como lo es para todo hombre. Con sus raíces en la Escritura y la Tradición, en la era patrística y el Magisterio contemporáneo; en sus inclinaciones masculinas y su conformidad con Cristo Cabeza, la paternidad es un rol con el cual el sacerdote puede identificarse y en el que puede verter sus energías con total confianza. Ningún hombre se hizo menos hombre tratando de convertirse en un mejor padre.

Moldear el celibato a la luz de la auténtica paternidad humana, no implica "espiritualizar" las inclinaciones naturales del hombre. De hecho, al demostrar que el celibato es una forma privilegiada de vivir la paternidad sobrenatural a la que todos los hombres —incluso los padres naturales— están llamados, es un recordatorio de que un sacerdote no necesita dejar de lado ni sus deseos paternos ni su naturaleza humana masculina para acoger plenamente su vocación.

La identidad paternal del sacerdote es un recordatorio importante tanto para él como para su pueblo: él debe considerarse a si mismo un padre, deben también ellos considerarlo como tal. En su tratamiento del Cuarto Mandamiento, el *Catecismo del Concilio de Trento* compara la obediencia de los hijos e hijas naturales a la estima que los fieles cristianos le deben a sus pastores.[13] El amor sincero del pueblo cristiano les pedirá que ayuden a sus padres espirituales con sus esfuerzos y oraciones, teniendo "un amor filial", en el palabras del Concilio Vaticano II, a sus sacerdotes "como a sus padres y pastores; y al mismo tiempo, siendo partícipes de sus desvelos, ayuden a sus presbíteros cuanto puedan con su oración y su trabajo, para que éstos logren superar convenientemente sus dificultades y cumplir con más provecho sus funciones".[14]

Una narrativa robusta de la paternidad sacerdotal célibe, por lo tanto, proporciona claridad en un momento en que muchos, tanto sacerdotes como laicos, luchan por apreciar y comprender tanto el celibato como la vocación sacerdotal. Es un recordatorio consciente de que el sacerdocio no consiste simplemente en realizar un conjunto de tareas, sino que se trata de una identidad. Le muestra a un hombre lo que hace y quién es él. Lo fortalece y lo confirma como padre para que, con mayor confianza, puede transmitir también la identidad cristiana a su pueblo. Solamente en este sentido, la re-lectura del celibato a la luz de la paternidad tiene la capacidad de contribuir decisivamente a la renovación del sacerdocio hoy en día.

El testimonio del celibato

A pesar de estos bienes espirituales que se derivan del celibato sacerdotal, muchos todavía ven en la renuncia al matrimonio una negación de la naturaleza humana, una con-

---

[13] Ver: *Catecismo del Concilio de Trento*, trad. John A. McHugh y Charles Callan (Fort Collins, CO: Roman Catholic Books, 2002), 411–415.

[14] Concilio Vaticano II, *Presbyterorum Ordinis*, § 9.

tradicción antropológica. Se dice que el celibato se opone a los deseos sexuales naturales, que se opone a los bienes y alegrías del matrimonio y de los hijos y que por lo tanto va en contra de la madurez y el crecimiento humano. Incluso aquellos que apoyan y admiran el celibato apostólico podrían temer calladamente que con él se desprecie el completo desarrollo humano. Podrían ver el sacrificio del matrimonio y de los hijos como prueba de que el celibato es simplemente un don de la gracia, que no contribuye en nada al florecimiento humano.

El propósito de este libro ha sido, por el contrario, situar el celibato dentro del contexto de la felicidad humana y la madurez sacerdotal, demostrando su capacidad para la realización humana y su relación con la paternidad sobrenatural. Además de estos beneficios personales y ministeriales del celibato, también hay importantes beneficios de un mayor alcance cultural.

El celibato, bien vivido, da testimonio de verdades humanas que son hoy muy necesarias: lecciones incomparables sobre la naturaleza de la paternidad, del amor humano y del matrimonio.[15] Estas lecciones también anticipan algunos de los efectos negativos, humanos y culturales, si se llegara a modificar el requisito general del celibato sacerdotal.

Llamado universal a la paternidad sobrenatural

El primer testimonio antropológico del celibato ya fue examinado en el primer capítulo. Hay tres grados de paternidad –biológica, natural y sobrenatural–, y el celibato renuncia a los dos primeros para concentrarse en el tercero y más alto

---

[15] Ver Carter Griffin, "The Antropologiccal Witness of Celibacy", *Scripta Theologica* 50, no. 1 (abril del 2018).

de ellos. Por lo tanto, es un recordatorio importante para sacerdotes y laicos por igual que la vocación generativa más importante del hombre está en el orden de la gracia. El sacerdote célibe es testigo vivo de que la vocación más significativa de cada padre biológico y natural (y madre) se ejercita sobrenaturalmente cuando dirigen la vida de sus hijos hacia la santidad y la salvación. De hecho, cada cristiano debe engendrar vida sobrenatural en otros a través de su oración, sacrificio, obras de misericordia, enseñanza y protección de otros, particularmente de los más vulnerables. Incluso si no es un padre biológico, todo hombre cristiano está llamado a vivir la paternidad de la gracia. El sacerdote célibe, a través de su mismo celibato y de su paternidad sobrenatural, es prueba de ese importante hecho.

La belleza del amor humano

El segundo testimonio del celibato es, quizás paradójicamente, una lección sobre el amor humano muy necesaria en este tiempo de confusión sexual que, por más confuso que sea, todavía anhela un amor genuino.

Una de las mayores calamidades de la llamada "revolución sexual" ha sido un enfoque acerca del amor que intenta responder a ese anhelo de una manera superficial y dañina. En la mente de muchos, el "amor" se ha reducido a un sentimiento que se expresa más intensamente en la expresión sexual. Como consecuencia, la nobleza y la bondad del cuerpo y del amor sexual han sido devaluados por el mismo movimiento que prometió superar los excesos moralistas percibidos del pasado. La revolución sexual constriñe el mundo porque despoja al sexo de su contenido trascendente. El papa Benedicto XVI notó que "El *eros*, degradado a puro 'sexo', se convierte en mercancía, en simple 'objeto' que se puede comprar y vender; más aún, el hombre mismo se transforma en mercancía. En realidad, éste no es propiamente el gran sí del hombre a su cuerpo."[16]

Sería difícil exagerar las repercusiones de la revolución sexual. Su impacto sobre los matrimonios con permisivas leyes de divorcio y la prevalencia de la anticoncepción; sobre los no nacidos con la aceptación social y legal del aborto; en los niños que viven las consecuencias de la paternidad soltera y de familias rotas; en las víctimas de la propagación de la pornografía en internet, y en los jóvenes que están siendo implícitamente (y a menudo explícitamente) alentados a experimentar sexualmente antes –o sin la intención– del matrimonio; todo esto ha hecho mella en nuestro tejido social y ha dañado innumerables vidas y familias.[17] De hecho, son los miembros más vulnerables de la sociedad (bebés no nacidos, niños y adolescentes) quienes sufren desproporcionadamente los efectos de la revolución sexual. "Esta total negativa a reconocer que la revolución afecta con más fuerza a los más jóvenes y vulnerables –empezando con los fetos y continuando con niños y adolescentes– es quizás el más vivo ejemplo de la negación que rodea la debacle de la revolución sexual", escribe la académica y autora Mary Eberstadt. "En ningún otro ámbito de la vida humana", continúa, "los estadounidenses comunes parecen tan indiferentes al sufrimiento particular de los más pequeños y más débiles."[18]

Hace algunos años, el profesor Allan Bloom, examinando la estela inmediata de esta transformación social, sostuvo

---

[16] Papa Benedicto XVI, Carta encíclica sobre el amor cristiano *Deus Caritas Est* (25 de diciembre del 2005), § 5.

[17] Ver: Mary Eberstadt, *Adam and Eve After the Pill: Paradoxes of the Sexual Revolation* (San Francisco: Ignatius Press, 2013).

[18] Eberstadt, *Adam and Eve After the Pill*, 29.

que "hay algunos que son hombres y mujeres a la edad de dieciséis, que no tienen nada más que aprender sobre lo erótico. Son adultos en el sentido de que ya no cambiarán mucho. Pueden convertirse en especialistas competentes, pero son de alma plana. El mundo es para ellos tal y como aparece frente a sus sentidos, no está adornado por la imaginación y también está desprovisto de ideales. Esta alma plana es lo que la sabiduría sexual de nuestro tiempo conspira para hacer universal."[19] Irónicamente, el amor es, argumenta, la víctima última de esta búsqueda mal dirigida del amor. "Quizás los jóvenes no digan 'te amo,'" escribe, "porque son honestos. Ellos no experimentan el amor – están muy familiarizados con el sexo para confundirlo con el amor, demasiado preocupados con sus propios destinos para ser víctimas de la locura de olvidarse de sí mismo por amor, el último de los fanatismos auténticos."[20]

Dado que el celibato es la renuncia al matrimonio y a la expresión sexual física, se podría pensar que tiene poco que decir en una discusión sobre el amor humano. Sin lugar a dudas, el celibato ha sido defendido a veces de una manera que menosprecia la sexualidad humana. Sin embargo, la tradición nunca ha perdido completamente de vista la razón fundamental del celibato dada por Cristo: que se asume "por el Reino de los Cielos" (Mateo 19,12). En este sentido, el celibato es una elección positiva de amor, de hecho, una forma de vivir la madurez sexual, y ofrece un contrapeso profundamente importante a la falsa sabiduría de la revolución sexual.

---

[19] Alan Bloom, *The Closing of the American Mind*, (Nueva York: Simon and Schuster, 1987), 134.
[20] Bloom, *The Closing of the American Mind*, 122

El arzobispo Vigneron escribe que "el celibato puede ser una forma de plenitud sexual, porque en él podemos entregarnos generosa y totalmente, de manera sacrificial, a otro de una manera que es ciertamente generadora de vida."[21] De hecho, la idea de que el celibato es emocional o psicológicamente inhibidor simplemente va en contra del "testimonio ofrecido por la gran mayoría de los sacerdotes, quienes viven su celibato con libertad interna, lleno de motivación evangélica, profundidad espiritual, y en un panorama de fuerte y gozosa fidelidad a su vocación y misión."[22]

Como se observó anteriormente, el celibato por el Reino es todo lo contrario a una soltería satisfecha en sí misma. Es, de hecho, un recordatorio de que el verdadero amor no se encuentra principalmente en la actividad sexual sino en la vida de caridad, que nos une a Dios y a los demás, y que sólo esta satisface el profundo anhelo de amor y de sentido, aquel que la revolución sexual prometió, y nunca cumplió. San Pablo VI escribe que "la elección del sagrado celibato ha sido considerada siempre en la Iglesia 'como señal y estímulo de caridad', señal de un amor sin reservas, estímulo de una caridad abierta a todos".[23] El papa Francisco escribe que la virginidad "es una invitación a los esposos para que vivan su amor conyugal en la perspectiva del amor definitivo de Cristo, como un camino común hacia la plenitud del Reino."[24]

Así, un "sacerdote que vive una vida célibe entusiasta y satisfecha desafía algunos de los prejuicios culturales más

---

[21] Allen H. Vigneron, "Can Celibacy Be Defended?", *Crisis* 18, no. 11 (diciembre 2000): 43.

[22] Vigneron, "Can Celibacy Be Defended?" 43.

[23] Pope Paul VI, *Sacerdotalis Caelibatus*, § 24.

[24] Papa Francisco, Exhortación Apostólica post-sinodal sobre el amor en la familia *Amoris Laetitia* (19 de marzo del 2016), § 161.

fuertes sin siquiera levantar la voz," escribe George Aschen-brenner.[25] Su celibato "anuncia que el valor primordial en la vida humana de una alegría profundamente satisfactoria no es principalmente el resultado de la actividad sexual geni-tal madura, sino del don de sí mismo de cualquier sacrificio amoroso. Estas declaraciones de fe sobre el significado de la vida humana chocan directamente en la cara con la fi-jación sexual autocomplaciente de nuestra cultura."[26] Como la escritora Patricia Snow comenta, "vivimos en un mundo donde las ideas freudianas (las de Freud) todavía son domi-nantes, incluida la idea de que la religión es una sublimación del sexo. El celibato, por medio de su ejemplo, propone una verdad totalmente contraria: que cualquier otro amor, cada amor menor, es una forma sublimada del amor a Dios."[27] Bien vivido, el celibato es un testigo convincente de la verdadera naturaleza del amor humano para aquellos a los que los argu-mentos filosóficos y teológicos, e incluso las exhortaciones pastorales, pueden dejar inmóviles.

En efecto, es solo en este contexto de caridad que se pue-de encontrar una auténtica satisfacción sexual. El celibato le muestra a los hombres y mujeres, independientemente de su vocación, que el impulso sexual puede y debe ser dirigido al verdadero florecimiento humano. Le revela al mundo cómo liberar el amor de las cadenas de la idolatría sexual y señala el camino hacia una vida que corrige las exageraciones de la revolución sexual y sana gradualmente sus heridas.

El celibato no es una castración de quienes lo acogen por el bien del Reino, más bien es una canalización de sus

---

[25] Aschenbrenner, *Quickening the Fire in Our Midst* (Chicago: Loyola Press, 2002),125–126.

[26] Aschenbrenner, *Quickening the Fire in Our Midst*, 125–126.

[27] Patricia Snow, "Dismantling the Cross," *First Things* 252 (Abril 2015): 41.

energías sexuales hacia bienes superiores. En el caso de la persona célibe, como en todas las personas, esto requiere una cierta disciplina de vida, elecciones que protejan el don de la intimidad sexual y una vida interior que abran los torrentes de gracia, que es lo único que hace posible y hermosa virtud cristiana de la castidad. Como señala San Juan Pablo II "en la *virginidad* y el *celibato* la castidad mantiene su significado original, a saber, el de una sexualidad humana vivida como auténtica manifestación y precioso servicio al amor de comunión y de donación interpersonal".[28]

La Iglesia ofrece sabiduría perenne a aquellos que han acogido el celibato por el Reino para proteger el don que han hecho. Este mismo consejo, y las mismas prácticas naturales y sobrenaturales descritas en el último capítulo, pueden y deberían ser utilizadas por cada cristiano, casado o soltero, que aspire a vivir bien la castidad. Estas prácticas han demostrado en innumerables vidas que los encuentros habituales con la gracia hacen posible y alegre una vida de castidad —una de las lecciones más importantes que enseña el celibato cuando se vive bien.

En contraste, es la imprudente insensatez de nuestros tiempos la que niega la necesidad de la gracia y de la constante aplicación de la disciplina sobre sí mismo para experimentar la libertad de la castidad. Shakespeare escribió en *La tempestad* que "los juramentos más fuertes no son más que paja para el fuego que hay en la sangre," porque él entendió lo que en nuestra ingenuidad hoy se pasa por alto: que toda nuestra permisividad hacia el sexo y nuestro ensanchamiento de los límites sexuales no han cambiado el poder del im-

---

[28] Papa Juan Pablo II, Exhortación Apostólica Post-sinodal sobre la Formación de los Sacerdotes en la Situación Actual *Pastores Dabo Vobis* (marzo 15, 1992), § 29.

pulso sexual y su capacidad ya sea para unir o para destruir. "El *eros* ebrio e indisciplinado", escribió el papa Benedicto XVI, "no es elevación, 'éxtasis' hacia lo divino, sino caída, degradación del hombre. Resulta así evidente que el *eros* necesita disciplina y purificación para dar al hombre, no el placer de un instante, sino un modo de hacerle pregustar en cierta manera lo más alto de su existencia, esa felicidad a la que tiende todo nuestro ser." [29]

Además del testimonio de castidad y de los medios para salvaguardarla, al renunciar a toda expresión sexual física, los célibes ofrecen otras lecciones irremplazables para los hombres y mujeres de nuestro tiempo. Para aquellos que no están casados, incluidos aquellos que por una variedad de razones nunca se casarán —razones que parecen ser cada vez más comunes hoy—, los hombres y mujeres célibes muestran que la vida, aún sin el matrimonio, puede ser alegre, saludable y estar llena de sentido.

Incluso para los casados habrá temporadas cuando sea aconsejable o incluso necesario abstenerse de la actividad sexual. Las parejas casadas pueden discernir en la oración que deben abstenerse periódicamente por medio de la Planificación Familiar Natural con el objetivo de espaciar los nacimientos. O las parejas pueden encontrarse físicamente separadas por un tiempo por exigencias profesionales o de guerra. Algunas parejas pueden decidir, como San Pablo enseñó, abstenerse de la actividad sexual durante un período para dedicarse más plenamente a la oración (1 Corintios 7, 5). La práctica del celibato demuestra poderosamente la sabiduría y la viabilidad de vivir las exigencias de la castidad en estas y otras circunstancias similares.

---

[29] Papa Benedicto XVI, *Deus Caritas Est*, § 4.

El celibato, entonces, le revela a un mundo cansado del fracaso de la experimentación sexual que hay un camino verdadero, más noble y saludable hacia el amor radical y la plenitud sexual. Los que acogen el celibato por el Reino les recuerdan a sus contemporáneos que todo amor, incluido el amor sexual, alcanza su potencial solo cuando encuentra su término en el amor divino y halla su protección solo cuando está custodiado por la virtud.

El camino hacia la castidad es ciertamente difícil a veces, pero es el único camino hacia la alegría genuina. Como el papa Benedicto XVI señaló una vez a los sacerdotes: "el cristianismo nos da alegría, como el amor da alegría. Sin embargo, el amor también siempre es renuncia a sí mismo. El Señor mismo nos dio la fórmula de lo que es amor: el que se pierde a sí mismo, se encuentra; el que se gana y conserva a sí mismo, se pierde... la alegría crece, madura siempre en el sufrimiento, en comunión con la cruz de Cristo. Sólo aquí brota la verdadera alegría de la fe."[30]

La dignidad del matrimonio

El tercer testimonio antropológico del celibato completa la secuencia de paradojas. En el primero, se cree que el celibato es una renuncia a la paternidad; sin embargo, el celibato afirma el grado más alto de paternidad al que están llamados todos los hombres. En el segundo, se cree que el celibato es una vida sin amor humano, y sin embargo es uno de los testimonios más poderosos de la belleza del amor humano en la devastadora estela de la revolución sexual. Y ahora el tercer testimonio paradójico: se piensa sobre el celibato como un

---

[30] Papa Benedicto XVI, "Discurso de Su Santidad Benedicto XVI a los Sacerdotes de la Diócesis de Aosta," 25 de julio del 2005.

rechazo del matrimonio. Sin embargo, quizá sea el testigo
más brillante de la dignidad y la belleza del matrimonio en
una época en que se ha perdido de vista a ambos.

Después de todo, el celibato solo tiene sentido en el
contexto de una comunidad. Precisamente porque no todos
pueden ser célibes, incluso desde una perspectiva puramente
natural, la vocación célibe supone una comunidad previa a
la cual pertenece; una comunidad que se mantiene y crece a
través del matrimonio y la familia. Dado además que el celibato apostólico es "por el bien del Reino," este está ordenado al crecimiento de dicho Reino fomentando la comunión,
orientando así a la persona célibe hacia el servicio de los
demás. Así, San Juan Pablo II enseñó que el celibato sacerdotal "no es solo un signo escatológico, sino porque tiene
un gran sentido social en la vida actual para el servicio del
Pueblo de Dios. El sacerdote, con su celibato, llega a ser 'el
hombre para los demás', de forma distinta a como lo es uno
que, habiéndose unido conyugalmente con una mujer, llega a
ser también él, como esposo y padre, 'hombre para los demás'
especialmente en el área de su familia".[31]

En el comienzo del libro del Génesis se afirma que el
hombre está hecho para la comunión, para estar relacionarse
(Génesis 2,18). La persona célibe es un recordatorio de que
todas las personas, independientemente de su estado civil,
están llamadas a relaciones profundas y significativas, y a
pertenecer plenamente a la familia humana y eclesial.

Siendo más precisos, el sacerdote célibe, sin embargo,
revela implícitamente la belleza y la dignidad del matrimo-

[31] Papa Juan Pablo II, "Carta del Santo Padre Papa Juan Pablo II a todos los Sacerdotes de la Iglesia con motivo del Jueves Santo de 1979 ", en *http://w2.vatican.va/content/john-paul-ii/es/letters/1979/documents/hf_jp-ii_let_19790409_sacerdoti-giovedi-santo.html*

nio al sacrificar su propia participación de los bienes del matrimonio tan altamente estimados por la Iglesia. "El sacrificio del amor humano, tal y como lo viven la mayoría de los hombres en la vida familiar, y entregado por el sacerdote, por el amor de Cristo", San Pablo VI escribió, "es en realidad un homenaje rendido a aquel amor. Todo el mundo reconoce en realidad que la criatura humana ha ofrecido siempre a Dios lo que es digno del que da y del que recibe".[32] San Juan Pablo II lo expresó de esta manera: "La virginidad y el celibato por el Reino de Dios no sólo no contradicen la dignidad del matrimonio, sino que la presuponen y la confirman. El matrimonio y la virginidad son dos modos de expresar y de vivir el único Misterio de la Alianza de Dios con su pueblo. Cuando no se estima el matrimonio, no puede existir tampoco la virginidad consagrada; cuando la sexualidad humana no se considera un gran valor donado por el Creador, pierde significado la renuncia por el Reino de los cielos."[33] Raniero Cantalamessa señala este punto aún con más énfasis, al afirmar que el celibato "no tiene sentido aparte de la afirmación simultánea del matrimonio. Si el matrimonio fuera algo negativo, la renuncia no sería una libre elección sino un deber."[34]

En las Escrituras, San Pablo llega a decir que el celibato de Cristo establece la referencia con la cual todo amor es medido: "Maridos, amad a vuestras mujeres como Cristo amó a la Iglesia y se entregó a sí mismo por ella" (Efesios 5,25). Así,

---

[32] Papa Pablo VI, *Sacerdotalis Caelibatus*, § 50.

[33] Papa Juan Pablo II, Exhortación Apostólica sobre la Misión de la Familia Cristiana en el Mundo Actual *Familiaris Consortio* (22 de noviembre de 1981), § 16.

[34] Cantalamessa, "Dimensions of Priestly Celibacy," en *The Charism of PriestlymCelibacy: Biblical, Theological, and Pastoral Reflections*, ed. *John C. Cavadini* (Notre Dame, IL: Ave Maria Press, 2012), 8.

lejos de disminuir la reverencia de la Iglesia por la vocación del matrimonio, San Juan Pablo II comentó que "en virtud de este testimonio, la virginidad mantiene viva en la Iglesia la conciencia del misterio del matrimonio y lo defiende de toda reducción y empobrecimiento."[35]

Al mismo tiempo, el celibato ofrece una corrección importante a aquella valoración del matrimonio que lo contrapone en una falsa competencia con bienes superiores. El poeta francés Paul Claudel perspicazmente señaló que "Dios promete por sus criaturas pero solo cumple por sí mismo."[36] El bien mayor del matrimonio encuentra su máxima expresión -no al apropiarse para sí mismo el honor debido solamente a Dios, sino al acercar a la pareja al signo celestial del amor divino. El celibato recuerda a las personas casadas "que el matrimonio es santo, hermoso y redimido por Cristo. Es la imagen del compromiso de Cristo con la Iglesia," escribe Cantalamessa, "pero... no lo es todo. Es una realidad que está vinculada a este mundo y por lo tanto es transitoria. Ya no existe donde la muerte ya no existe. Como dijo Jesús, cuando ya no será posible morir, ya no habrá necesidad de casarse."[37]

Lejos de menospreciar la vida conyugal, esta sabia corrección respecto a las opiniones exageradas sobre el matrimonio lo libera de las expectativas dañinas y poco realistas. Al recordar a las personas casadas la primacía del amor divino, les recuerda también que "Dios nos ha hecho para Sí

---

[35] Papa Juan Pablo II, *Familiaris Consortio*, § 16. Ver, por ejemplo: Michael Heintz, "Configured to Christ: Celibacy and Human Formation," en *The Charism of Priestly Celibacy: Biblical, Theological, and Pastoral Reflections*, ed. John C. Cavadini (Notre Dame, IL: Ave Maria Press, 2012), 74.

[36] Citado en Snow, "Dismantling the Cross," 38.

[37] Raniero Cantalamessa, *Virginity: A Positive Approach to Celibacy for the Sake of the Kingdom of Heaven*, trad. Charles Serignat (Nueva York: Alba House, 1995), 7–8.

mismo y que, por lo tanto, nuestros corazones siempre estarán 'insatisfechos' hasta que descansen en él. Eso es también un recordatorio de que el matrimonio y la familia no pueden convertirse en un ídolo al que todo y todos se sacrifican, una especie de absoluto en la vida," continúa Cantalamessa. "Y ya que la primera víctima de tal absolutización indebida es el matrimonio mismo, que es aplastado por esas expectativas desproporcionadas que nunca podrá satisfacer, es por ello que digo que la virginidad ayuda a las propias personas casadas. La virginidad libera al matrimonio y cada uno de los cónyuges del insoportable peso de tener que ser 'todo' para el otro, de tomar el lugar de Dios."[38]

Olvidar su valor relativo –es decir, que es un medio y no un fin; que es una vocación y no un derecho–, ha llevado en gran parte a la confusión actual con respecto al matrimonio. Por un lado, el matrimonio parece ser considerado el mayor bien de la vida, imposible de negársele a cualquiera, incluidos aquellos cuya relación hace que sea imposible unirse en matrimonio debido a lazos matrimoniales anteriores, circunstancias particulares de sus vidas, capacidad física o mental, e incluso ahora parejas del mismo sexo.[39] Por otro lado, esta fijación en el matrimonio se contradice por una comparativamente baja estimación de la duración del matrimonio, de su ordenamiento esencial para la procreación de hijos y de su importancia fundamental para la cohesión social y la formación cultural. El cristiano que acoge el celibato por el Reino ofrece claridad en medio de la confusión mediante un testimonio vivo de la dignidad y la belleza también del matrimonio, así como comparando su valor relativo con bienes superiores.

---

[38] Cantalamessa, *Virginity*, 8.
[39] Ver: Snow, "Dismantling the Cross," 40.

Además de afirmar la dignidad del matrimonio y su ordenamiento hacia los bienes superiores, el celibato es en muchas maneras un apoyo vital para aquellos que han aceptado el estado conyugal.

En primer lugar, como se señaló previamente, es un estímulo para la vida de castidad que las parejas casadas deban vivir de una manera adecuada a su vocación y que es esencial, tanto para proteger su amor mutuo, como para la protección de los corazones de los solteros. En su perseverancia y fidelidad, quienes acogen el celibato ofrecen un apoyo vivo a las parejas casadas para perseverar en su propia vocación tan exigente. San Juan Pablo II enseñó que las parejas cristianas "tienen pues el derecho de esperar de las personas vírgenes el buen ejemplo y el testimonio de la fidelidad a su vocación hasta la muerte. Así como para los esposos la fidelidad se hace a veces difícil y exige sacrificio, mortificación y renuncia de sí, así también puede ocurrir a las personas vírgenes. La fidelidad de éstas incluso ante eventuales pruebas, debe edificar la fidelidad de aquéllos".[40]

En segundo lugar, dado que el amor célibe no involucra la expresión sexual física, depende de otras formas para mostrar amor en la amistad y el afecto que corresponde a los diferentes grados y tipos de relaciones. Por tanto, el celibato puede ser un recordatorio para las parejas casadas de que la suya es la más alta de las amistades humanas y que ellos también pueden y deben expresar su amor en una amplia variedad de formas, resistiéndose a un tipo de "pereza" afectiva que reduce gradualmente las expresiones de amor solo a la intimidad física. Este "espectro" de intimidad es especialmente importante para las parejas que deciden practicar la

---

[40] Papa Juan Pablo II, *Familiaris Consortio*, § 16.

Planificación Familiar Natural, ya que este método de conocimiento de la fertilidad puede exigir difíciles períodos de abstinencia, a menudo precisamente cuando el deseo sexual es más intenso.

En tercer lugar, la naturaleza del celibato sacerdotal es tal que, lejos de distanciar a un sacerdote de los conflictos de las personas casadas, le confiere una mayor capacidad de comprensión y ayuda para aquellos en estado conyugal, como se mencionó anteriormente. Aunque por supuesto, nosotros los sacerdotes no hemos experimentado personalmente el matrimonio y los problemas matrimoniales, tenemos familiaridad personal con la vocación a través de aquellos que amamos, nuestros padres y abuelos, nuestros hermanos y nuestros amigos. Gran parte de nuestro ministerio pastoral es para parejas casadas, de todas las edades y ámbitos de vida, sirviéndoles en las alegrías y pruebas de su vocación.

Sin embargo, lo más importante es que tenemos conocimiento de primera mano sobre la "vocación de amar" misma —y es precisamente esta sabiduría la que más necesitan las parejas casadas y los que se preparan para el matrimonio. De hecho, Galot advierte que, si el sacerdote mismo estuviera casado, "también correría el riesgo de verse absorbido por los problemas de su propia familia. No podría estar lo suficientemente abierto a los diversos problemas de otras parejas."[41] Así pues, "la libertad afectiva y mental que deriva del celibato permite al sacerdote simpatizar más profundamente con todas las situaciones humanas y brindar a las personas la ayuda que Dios ofrece."[42]

---

[41] Galot, *Theology of the Priesthood*, trad. Roger Balducelli (San Francisco: Ignatius Press, 1984), 245–246.

[42] Galot, *Theology of the Priesthood*, 245–246.

Por tanto, lejos de disminuir la dignidad del matrimonio o competir con él, el celibato es quizás hoy el testimonio más importante en el mundo para la vida conyugal. El celibato destaca la nobleza del matrimonio y lo protege de las desproporcionadas expectativas que lo agobian y lo abruman, a través de su propio sacrificio..

Incluso más que defender la dignidad de la vida matrimonial, el celibato señala el camino hacia la felicidad conyugal, y refuerza y alienta a aquellos que han abrazado esta vocación. El Papa Benedicto XVI se refirió a estas lecciones del celibato al final del Año Sacerdotal en 2010. Señaló que el celibato no tiene nada que ver con simplemente "evitar el matrimonio," motivo que puede estar basado "en la voluntad de vivir sólo para uno mismo, de no aceptar ningún vínculo definitivo, de mantener la vida en una plena autonomía en todo momento, decidir en todo momento qué hacer, qué tomar de la vida; y, por tanto, un 'no' al vínculo, un 'no' a lo definitivo, un guardarse la vida solo para sí mismos." El celibato, insistió, "es precisamente lo contrario: es un 'sí' definitivo, es un dejar que Dios nos tome de la mano, abandonarse en las manos del Señor, en su 'yo', y, por tanto, es un acto de fidelidad y de confianza, un acto que supone también la fidelidad del matrimonio."[43] Se ha dicho, mediante una expresión que resulta muy paradójica para muchos hoy en día, que "el celibato católico es la columna vertebral de los matrimonios católicos." Estas importantes lecciones que nos enseña el celibato, justifican esa paradoja en cierta medida.

A la luz de todos estos testimonios antropológicos del celibato, ¿Qué podría aprender la bien informada personsa

---

[43] Papa Benedicto XVI, "Diálogo del Santo Padre Benedicto XVI con los sacerdotes, Clausura del Año Sacerdotal", 10 de junio del 2010.

promedio sobre el testimonio de un sacerdote célibe?

Aprendería mucho sobre asuntos que son tan estimulantes y vitales para su propio bienestar, así como tan pobremente entendidos hoy en día. Aprendería del celibato que cada persona está llamada a dar vida, ya sea biológicamente o no, y dado que la forma más elevada de vida es la sobrenatural, es la gloria y la alegría de cada hombre ser llamado a ser un instrumento de gracia para dar vida a quienes lo rodean, es decir, ser padre en el orden sobrenatural. Aprendería del celibato la posibilidad del amor radical, los virtuosos medios para obtenerlo y preservarlo, y la alegría que fluye de él. En una época de confusión alrededor del matrimonio, aprendería del celibato, mediante su altísimo sacrificio de no participar del matrimonio, el gran valor de su nobleza. Y también recordaría que el matrimonio, para ser feliz y provechoso, no puede pretender tener la capacidad de satisfacer un profundo anhelo al que solo Dios puede dar respuesta.

En medio de una gran confusión y división antropológica, hoy más que nunca estas tres lecciones se necesitan verdaderamente con urgencia. Son lecciones poderosamente enseñadas por la práctica del celibato –particularmente por los sacerdotes de una parroquia, mediante los cuales la mayoría de los católicos se se encuentran con el celibato–, porque son lecciones enseñadas de manera más únicas, más visible y más bellas por aquellos que han acogido el celibato "por la causa del reino de los cielos."

Conclusión

San José y la Santísima
Virgen María

SEBASTIANO DEL PIOMBO, en el *Levantamiento de Lázaro* mencionado en la introducción, insinuó el poder del amor generativo de Cristo, su poder para dar vida, es decir, su paternidad. Cada sacerdote está llamado a ejercer el propio ministerio de Cristo de nutrir, sanar, enseñar, amar y redimir. Está llamado a ser padre en el orden de la gracia y engendrar en otros las semillas de la vida sobrenatural que –¡por favor, Dios! – florecerán en la eternidad.

Cada sacerdote tiene el privilegio de participar en este ministerio, y el sacerdote célibe está invitado a hacerlo de una manera única. Es una visión positiva y convincente del celibato, una que desafía perspectivas escépticas que descartan el celibato como una lamentable reliquia del pasado, atrofiando la madurez humana del sacerdote y tal vez incluso causando aberraciones sexuales peligrosas.

Cuando se entiende que el celibato realza la identidad del sacerdote como padre espiritual, coloreando cada fibra de su ser y de su ministerio sacerdotal, entonces se convierte en una rica fuente de satisfacción humana, alegría personal y fecundidad sacerdotal. El celibato ya no se ve como una carga para llevar sino como un regalo para atesorar y proteger. Es el portador de tremendos dones espirituales y humanos para la Iglesia y el mundo en general, que se perderían o disminuirían si se debilitara la práctica del celibato. Como San Pablo VI escribió durante las primeras oleadas de la revolución sexual, "El celibato sacerdotal, que la Iglesia custodia desde hace siglos como perla preciosa, conserva todo su valor también en nuestro tiempo, caracterizado por una profunda transformación de mentalidades y de estructuras".[1]

Quizás los mejores paladines del celibato, sin embargo, son dos individuos que modelaron la paternidad virginal en su amor generativo de Jesús el Sumo Sacerdote: San José y su Santísima Madre. Concluiremos recurriendo a su ejemplo y confiándonos todos nosotros, los sacerdotes célibes, a su intercesión

Según el molde de San José

En muchos aspectos el celibato, la paternidad sobrenatural de los sacerdotes, encuentra un modelo en la paternidad de San José. El Santo Patriarca reflejó de manera única la paternidad de Dios como el guardián del Hijo de Dios. San Juan Pablo II llamó la atención sobre este singular "pacto de paternidad" entre José y el Padre, por el que Jesús se dirigió a ambos como "Abba."[2] José sabía que "su pobre casa

---

[1] Papa Pablo VI, Carta Encíclica sobre el celibato del sacerdote *Sacerdotalis Caelibatus* (24 de junio de 1967), § 1.

[2] Papa Juan Pablo II, "Visita Pastoral en el Fucino y ad Avezzano, Omelia del Santo Padre Giovanni Paolo II. Santa Messa sul Sagrado della Cattedrale di Avezzano," 24 de marzo de 1985. [*N. del tr.*: texto en español editado de la traducción al inglés propuesta por el autor.]

en Nazaret estaba llena del misterio inescrutable de la paternidad divina, de la cual él mismo, José, fue nombrado el administrador más cercano y el siervo fiel."[3] Por lo tanto, en su naturaleza humana, Cristo estuvo expuesto al trabajo profesional de José, su lenguaje y acento, sus hábitos, su psicología masculina, su fuerza, su coraje y, sobre todo, su afecto paternal humano. José anticipa la dimensión conyugal de la paternidad sobrenatural en su matrimonio con María, quien manifiesta y presagia tan claramente la maternidad de la Iglesia.

Según el papa Juan Pablo II, la paternidad de San José, insertada como está en el misterio de la Encarnación, "no es 'aparente' o solamente 'sustitutiva', sino que posee plenamente la autenticidad de la paternidad humana y de la misión paterna en la familia."[4] De hecho, en la medida que el fruto de su paternidad no es un hijo adoptivo o natural, ni siquiera un hijo en el orden de la gracia, sino la fuente misma de la gracia y la vida misma, se podría argumentar que José es el más grande ejemplo de paternidad humana en la historia.

Por lo tanto, la paternidad sobrenatural de San José fue mejorada, no disminuida, al renunciar a los hijos naturales. Su paternidad es testimonio de la paternidad sobrenatural que debe ser ejercida por todos los hombres cristianos, específicamente la paternidad de los que abrazan el celibato por el bien del Reino, sean o no ordenados sacerdotes. La paternidad de José es un recordatorio de que la forma más elevada de paternidad humana es la sobrenatural, y que dedicarse a esa dimensión de la paternidad no se limita a aquellos con

---

[3] Papa Juan Pablo II, "Santa Messa sul Sagrado della Cattedrale di Avezzano."

[4] Papa Juan Pablo II, Exhortación Apostólica sobre la Figura y la Misión de San José en la vida de Cristo y de la Iglesia *Redemptoris Custos* (15 de agosto de 1989), § 21

una vocación sacerdotal ya que incluso José no era sacerdote. La paternidad de José también subraya que el celibato apostólico no es simplemente una cuestión de mayor disponibilidad física o emocional, por importante que pueda ser esa consideración, sino que posee una lógica interna propia que se ordena hacia la fecundidad sobrenatural, una apertura y capacidad de darse uno mismo para el bien de las almas en el orden de la gracia. Como el papa Benedicto XVI observó durante su visita a Camerún en 2009, toda paternidad comparte en la paternidad de Dios y "San José muestra esto de manera sorprendente, él que es padre sin ejercer una paternidad carnal. No es el padre biológico de Jesús, del cual sólo Dios es el Padre, y sin embargo, desempeña una plena y completa paternidad. Ser padre es ante todo ser servidor de la vida y del crecimiento."[5]

El hombre que acoge el celibato por el bien de la generación sobrenatural encuentra en San José el "amor casto de María y el cuidado paternal de Jesús," un ejemplo del compromiso de "toda su afectividad masculina en servir a Cristo y a la Iglesia", escribe Frederick Miller.[6] El amor profundamente cariñoso y paterno que José tuvo indudablemente para Jesús es un recordatorio para los padres célibes que lo suyo es ser un corazón rebosante de amor, señala un escritor, "un corazón verdaderamente paternal" que está "enriquecido con los sentimientos más tiernos de un padre para con su hijo."[7]

La humildad y la modestia que José exhibió al revelar el

5 Papa Benedicto XVI, "Discurso del Santo Padre Benedicto XVI. Celebración de las Vísperas en la Basílica Reina de los Apóstoles, barrio Mvolyé - Yaundé", 25 de marzo del 2009.

6 Frederick L. Miller, "St. Joseph: Model of Celibate Love," *Homiletic and Pastoral Review* 106, no. 2 (noviembre 2005): 23.

7 Boniface Llamera, *Saint Joseph*, trad. Sister Mary Elizabeth, OP (St. Louis, MO: B. Herder Book Co., 1962), 88.

rostro de Dios anima a todos los que comparten la paternidad de Dios, especialmente aquellos que renuncian al matrimonio en aras de la paternidad sobrenatural, recordando a los hombres que su autoridad paterna se deriva de la de Él y se ordena sobre todo a la caridad y al servicio.

Además, San José es un modelo apto para la paternidad específicamente acogida por los sacerdotes célibes. Es cierto que José no fue configurado con Cristo como un sacerdote lo es, aunque una teóloga sitúa a José en un papel "sacerdotal" en el hogar de Nazaret mientras cuidaba de María, la nueva Arca de la Alianza.[8] Él ejerció una forma diferente y en cierto modo única de paternidad. San Juan Pablo II, sin embargo, vio una guía personal para su propio sacerdocio célibe en José, cuya

vida con Jesús fue un descubrimiento continuo de su vocación como padre. Se convirtió en padre de manera extraordinaria, sin engendrar a su hijo en la carne. ¿No es este, quizás, un ejemplo del tipo de paternidad que se nos propone a sacerdotes y obispos, como modelo? Todo lo que hice en el curso de mi ministerio lo vi como una expresión de este tipo de paternidad – bautizar, escuchar confesiones, celebrar Eucaristía, la predicación, amonestación, motivación. Para mí, estas cosas siempre fueron una forma de vivir esa paternidad.[9]

---

[8] Ver: Mary Healy, "Friends of the Bridegroom: The Biblical Foundations of Priestly Celibacy," in *The Charism of Priestly Celibacy: Biblical, Theological, and Pastoral Reflections*, ed. John C. Cavadini (Notre Dame, IL: Ave Maria Press, 2012), 32.

[9] Papa Juan Pablo II, *Rise, Let Us Be On Our Way*, trad. Walter Ziemba (New York: Warner Books, 2004), 140.

En su celibato, el sacerdote imita la paternidad de José, que era "casta y totalmente dedicada a Cristo y su Virgen Madre."[10] Como San José, el sacerdote debe "engendrar, proteger, nutrir y participar en la formación en la vida de Cristo, gracia santificante, en las almas de su pueblo," declara Miller. "Practicando la continencia por el bien del Reino, como lo hizo San José, será desafiado continuamente en su vida para amar a los fieles de manera más pura como a sus hermanos y hermanas, e hijos e hijas."[11]

Al predicar fielmente la Palabra de Dios, el sacerdote imita a José, cuya vida se dedicó a la Palabra que María dio a luz en su vientre. En su relación conyugal con la Iglesia, el sacerdote célibe imita a José, el fiel esposo de María, la imagen de la Iglesia. Al engendrar hijos a través del poder del Espíritu Santo, el sacerdote imita a José, que se convirtió en padre en su matrimonio con María, quien concibió a Cristo por el poder del Espíritu Santo. Al ejercer su autoridad espiritual a pesar de su indignidad, el sacerdote imita a José quien, aunque cabeza de la Sagrada Familia, fue el menos perfecto entre los tres. Al proteger a la Iglesia, defender la Eucaristía, preservar y apreciar el depósito de la fe, y estando preparado incluso para dar su vida si es necesario para defenderlos, el sacerdote imita la tutela de San José, quien seguramente no habría dudado en dar su vida por sus dos tesoros más preciados, Jesús y María.

San José, aunque no era sacerdote, anticipaba la paternidad sacerdotal en su propia vida como padre sobrenatural célibe. Como hombre y Patrón Universal de la Iglesia, José puede continuar sirviendo como un mentor indispensable y

---

[10] Papa Juan Pablo II, *Rise, Let Us Be On Our Way*, 140.
[11] Miller, "St. Joseph: Model of Celibate Love," 26.

modelo ejemplar para el sacerdote cuyo celibato cumple con su propia paternidad y de ahí su propia masculinidad. Al describir la paternidad de José, San Efrén de Siria propone una imagen llamativa. Se pensaba en aquellos días que las palmeras macho engendraban cubriendo las palmeras hembra con su sombra, sin comunicar ninguna de sus sustancias físicas sino generando, por así decirlo, nutriendo y protegiendo a distancia.12 Esta es la imagen que Efrén nos da de la paternidad de José. Con su amor él "cubrió con su sombra" a María, siendo ella misma la imagen de la Iglesia y su divino Hijo, derramándose por ellos, manteniéndolos y protegiéndolos, y en ese amor experimentó su más profunda paternidad y su alegría eterna y duradera.

En la escuela de María

Esta imagen de un "amor que cubre" sugiere también la relación única y privilegiada que disfruta cada sacerdote con la Madre de Jesús. Ella es el ejemplo de santidad para todos los cristianos, incluidos los sacerdotes, que antes que nada se comprometen como discípulos del Señor. Tanto María como el sacerdote generan sobrenaturalmente a través del Espíritu Santo, aunque en ningún caso es el Espíritu Santo llamado "Padre" ya que el Espíritu no genera a partir de su propia sustancia. También como María, el sacerdote genera sobrenaturalmente respondiendo libre y personalmente a la gracia vocacional que lo convierte en un generador en el orden de la redención. Y, como María, el sacerdote está invitado a gene-

---

[12] Joseph F. Chorpenning, "Francis de Sales and the Emblematic Tradition: The Palm Tree as an Allegory of St. Joseph's Virtues," en *Emblemata Sacra: Rhétorique et herméneutique du discours sacré dans la littérature en images*, eds. A.Guiderdoni and R. Dekoninck (Turnhout, Belgium: Brepols, 2007), 337 n 23.

rar a Cristo, no en la carne como lo hizo la Santísima Virgen, sino en la Eucaristía y en las almas de sus hijos espirituales. Como María es a la vez Esposa del Espíritu Santo, Madre de Jesús, e hija de Dios Padre, así el sacerdote es esposo de la Iglesia, animado por el Espíritu Santo, "padre" de Jesús formado en las almas, e hijo de Dios Padre.

María, el arquetipo de la Iglesia, representa a la Novia a través de quien el sacerdote genera nuevos hijos. Como una nueva madre que ayuda a sacar a un hombre de sí mismo hacia sus nuevas responsabilidades paternas, María puede ayudar al sacerdote célibe a descubrir su propia paternidad. John Cihak ve esta dinámica teniendo lugar al pie de la Cruz, en el noble y generoso corazón de San Juan, uno de los primeros sacerdotes del Señor, cuando el discípulo amado recibió a María y "la acogió en su casa" (Juan 19,27). Cuando Jesús confió a su Madre a San Juan para cuidarla, amarla y protegerla, John Cihak comenta que esa "orden resonaría profundamente en el corazón de tal hombre: debe mirar más allá de su propio dolor y adaptarse a ella, y que lo mejor de ser hombre surja desde dentro de sí en un gran acto de ágape célibe." Cihak continúa: "La elección de estar atento al dolor de María lo trae hasta el umbral de la entrada a su amor conyugal y su paternidad célibe, ya que la Iglesia está naciendo".[13]

Al amar a María, San Juan el sacerdote vio en ella un reflejo de su propio amor por Jesús, pero también la reconoció como la cooperadora preeminente en el trabajo continuo del Señor en la tierra. Cuando Juan, y todos los primeros sacerdotes de Cristo, comenzaron a comprender los privilegios

[13] Cihak, "The Blessed Virgin Mary's Role in the Celibate Priest's Spousal and Paternal Love," *Sacrum Ministerium* 15, no. 1 (2009): 157.

paternos que se les habían otorgado en el plan de salvación, surgió un vínculo natural con la Madre del Señor, que permanece intacto hoy.

La relación del sacerdote con María, entonces, no es simplemente un adorno para el ministerio del sacerdote y su vida interior. Su papel único en la economía de la salvación incluye una inseparable y activa participación en el trabajo generativo del sacerdote, sin importar que él lo perciba o no. Sin embargo, si el sacerdote "la acoge en su casa", encontrará en María un patrón de amor sin reservas que puede encender su propio amor célibe por el pueblo de Dios, convirtiéndose en una aliada incondicional en su batalla contra el pecado y el mal, y ser una fuente poderosa de fecundidad sobrenatural.

Al principio de este libro mencioné el peligro de que la paternidad célibe sacerdotal resulte una noción convincente pero, en última instancia, impráctica. Como modelo y cooperadora en la paternidad sacerdotal, María puede ayudar a garantizar que la visión del celibato propuesta en estas páginas impregne la vida entera y el ministerio del sacerdote. Con su ayuda, el compromiso de celibato del sacerdote puede ser ordenado a la paternidad espiritual, su sacerdocio se puede ejercer con un generoso don de sí mismo junto a las alegrías de la paternidad, y los desafíos a su noble vocación pueden ser recibidos con una perseverancia saludable, fiel y santa.

Al final, abrazar la paternidad es una opción para cada uno de nosotros sacerdotes célibes, como lo es para cada padre. La elección no es si un sacerdote debe ser padre. La elección es qué tipo de padre será. De su elección depende la felicidad de innumerables almas, muchas de las cuales tal vez nunca conocerá en esta vida. Sin embargo, si permanece fiel, le darán una gratitud inexpresable en la eternidad por el generoso ejercicio de su paternidad célibe sacerdotal.

Reconocimientos

ENTRE LOS MUCHOS a quienes quisiera expresar mi gratitud por su inspiración en este trabajo, comienzo con mis padres, Charles y Josephine Griffin, quienes prácticamente me enseñaron todo lo que sé sobre la paternidad.

También deseo agradecer al P. Robert Gahl, quien me dio el impulso inicial para mi disertación y quién dirigió mi trabajo de doctorado con paciencia y sabiduría, así como al Dr. Scott Hahn, quien me animó a escribir este libro y cuyos escritos fueron tan fundamentales en mi conversión a la fe católica. Estoy profundamente agradecido con el equipo de Emaús Road Publishing, incluidos Chris Erickson, Melissa Girard y Kate Ternus, por su apoyo motivador y asistencia hábil para editar el manuscrito.

Tantos sacerdotes mentores –verdaderos padres sacerdotales para mí– y amigos sacerdotes, a quienes debo más de lo que puedo decir, han sido testimonios incomparables de las alegrías de una paternidad célibe fiel. Es su ejemplo el que tuve primordialmente en mente mientras escribía estas páginas.

Bibliografía

Aschenbrenner, George A. Quickening the Fire in Our
  Midst. Chicago: Loyola Press, 2002.
Ashley, Benedict M. Justice in the Church: Gender and Par-
  ticipation. Washington, DC: The Catholic University
  of America Press, 1996.
———. Theologies of the Body: Humanist and Christian.
  Braintree, MA: The Pope John Center, 1985.
Atkinson, Joseph C. "Paternity in Crisis: Biblical and Philo-
  sophical Roots of Fatherhood." Josephinum Journal of
  Theology 9, no. 1 (Invierno/Primavera 2002): 3–21.
Baars, Conrad W. A Priest for All Seasons: Masculine and
  Celibate. Chicago: Franciscan Herald Press, 1972.
Baker, Andrew. "Ordination and Same Sex Attraction."
  America 187 (septiembre 30, 2002): 7–9.
Balthasar, Hans Urs von. "The Meaning of Celibacy." Com-
  munio: International Catholic Review 3, no. 4 (Invier-
  no 1976): 318–329.
Bloom, Alan. The Closing of the American Mind. New
  York: Simon and Schuster, 1987.
Bouyer, Louis. Woman in the Church. Traducido por Mari-
  lyn Teichert. San Francisco: Ignatius Press, 1979.
Butler, Sara. The Catholic Priesthood and Women: A Guide
  to the Teaching of the Church. Chicago: Hillenbrand
  Books, 2006.
Cahall, Perry J., and James Keating. "Spiritual Fatherhood."

Homiletic and Pastoral Review 110, no. 2 (noviembre 2009): 14–23.

Cantalamessa, Raniero. "Dimensions of Priestly Celibacy." En: The Charism of Priestly Celibacy: Biblical, Theological, and Pastoral Reflections, editado por John C. Cavadini, 5–26. Notre Dame, IL: Ave Maria Press, 2012.

———. Virginity: A Positive Approach to Celibacy for the Sake of the Kingdom of Heaven. Traducido por Charles Serignat. Nueva York: Alba House, 1995.

Catecismo del Concilio de Trento. Traducido por John A. McHugh y Charles Callan. Fort Collins, CO: Roman Catholic Books, 2002.

Cere, Daniel. "Newman's 'Lesson of the Marriage Ring': Celibacy and Marriage in the Thought of John Henry Newman." Louvain Studies 22, no. 1 (1997): 59–84.

Chaput, Charles J. "The Men He Intended: Claiming Our Vocations as Priests of Jesus Christ." Fecha de acceso: octubre 5, 2018. https://www.catholicculture.org/culture/library/view.cfm?id=7763.

Chorpenning, Joseph F. "Francis de Sales and the Emblematic Tradition: The Palm Tree as an Allegory of St. Joseph's Virtues," en Emblemata Sacra: Rhétorique et herméneutique du discours sacré dans la littérature en images, editado por A. Guiderdoni and R. Dekoninck, 333–347. Turnhout, Belgium: Brepols, 2007.

Cihak, John. "The Blessed Virgin Mary's Role in the Celibate Priest's Spousal and Paternal Love." Sacrum Ministerium 15, no. 1 (2009): 149–164.

Coakley, Paul S. "The Priest as Father 101." En Spiritual Fatherhood: Living Christ's Own Revelation of the Father. Tercer Simposio Anual sobre la Espiritualidad y la Identidad del Sacerdote Diocesano, Marzo 13–16,

2003, editado por Edward G. Matthews. Emmitsburg, MD: Mount St. Mary's Seminary, 2003.

Cochini, Christian. The Apostolic Origins of Priestly Celibacy. San Francisco: Ignatius Press, 1990.

Collins, Julie A. "Celibate Love as Contemplation." Review for Religious 59, no. 1 (enero/febrero 2000): 79–86.

Concilio Vaticano II. Decreto sobre la Formación de Sacerdotes Optatam Totius. octubre 28, 1965.

——. Decreto sobre el ministerio y la vida de los sacerdotes Presbyterorum Ordinis. diciembre 7, 1965.

——. Constitución Dogmática sobre la Iglesia Lumen Gentium. Noviembre 21, 1964.

Congregación para los Obispos. Directorio para el Ministerio Pastoral de los Obispos Apostolorum Successores. Ciudad del Vaticano: Libreria Editrice Vaticana, 2004. Congregación para la Educación Católica. "Formation in Celibacy." Origins 4, no. 5 (junio 27, 1974): 66–76.

Concregación para el Clero. Directorio para la Vida y el Ministerio de los Sacerdotes. Ciudad del Vaticano: Libreria Editrice Vaticana, 2013.

——. Instrucción sobre los Criterios de Discernimiento Vocacional en Relación con las Personas de Tendencias Homosexuales Antes de su Admisión al Seminario y a las Órdenes Sagradas. Londres: Catholic Truth Society, 2005.

——. El Don de la Vocación Presbiterial: Ratio Fundamentalis Institutionis Sacerdotalis. Ciudad del Vaticano: diciembre 8, 2016.

Cozzens, Andrew. "Imago Vivens Iesu Christi Sponsi Ecclesiae: The Priest as a Living Image of Jesus Christ the Bridegroom of the Church through the Evangelical Counsels." Diss., Pontifical University of Saint Thomas Aquinas, 2008

Cozzens, Donald B. The Changing Face of the Priesthood:

A Reflection on the Priest's Crisis of Soul. Collegeville, MN: The Liturgical Press, 2000.

De Aquino, Santo Tomás. On the Truth of the Catholic Faith. (*Summa Contra Gentiles*) Libro III: Providencia. Traducido por Vernon J. Bourke. Nueva York: Hanover House, 1955.

——. On the Truth of the Catholic Faith (*Summa Contra Gentiles*) Libro IV: Salvación. Traducido por Charles J. O'Neil. Nueva York: Hanover House, 1955.

——. *Summa Theologiae*. Traducido por los Padres Dominicos de la Provincia Inglesa. Nueva York: Benziger Bros.,1948.

——. *Super Epistolam ad Ephesios* Lectura. Rome: Marietti,1953.

——. *Super Epistolam ad Hebraeos*. Rome: Marietti, 1953.

——. *Super Evangelium S. Ioannis Lectura*. Rome: Marietti,1972.

De Avila, Juan. "Carta 1, A Un Predicador." En Obras Completas Del Santo Maestro Juan de Avila, editado por Francisco Martin Hernandez, vol. 5 17–28. Madrid, España:
Biblioteca de Autores Cristianos, 1970.

De Gal, Emery, ed. Homilies at a First Mass: Joseph Ratzinger's Gift to Priests. Traducido por David Agostoine. Omaha: IPF Publications, 2016.

De Lubac, Henri. The Motherhood of the Church. Traducido por Sergia Englund. San Francisco: Ignatius Press, 1982.

Dickie, Jane R., Amy K. Eshleman, Dawn M. Merasco, Amy Shepard, Michael Vander Wilt, y Melissa Johnson. "Parent-Child Relationships and Children's Images of God." Journal for the Scientific Study of Religion 36, no. 1 (marzo 1997): 25–43.

Dubay, Thomas. And You are Christ's: The Charism of Virginity and the Celibate Life. San Francisco: Ignatius

Press, 1987.

Eberstadt, Mary. Adam and Eve After the Pill: Paradoxes of the Sexual Revolution. San Francisco: Ignatius Press, 2013.

Esolen, Anthony. "Over Our Dead Bodies: Men Who Are Willing to Lay Down Their Lives Are Truly Indispensable." Touchstone 19, no. 5 (junio 2006): 22–26.

Felices Sánchez, Fernando Benicio. La Paternidad Espiritual del Sacerdote: Fundamentos Teológicos de la Fecundidad Apostólica Presbiteral. San Juan, Puerto Rico: San Juan de Puerto Rico, 2006.

Fernandes, Earl. "Seminary Formation and Homosexuality: Changing Sexual Morality and the Church's Response." The Linacre Quarterly 78, no. 3 (agosto 2011): 306–329.

Ferrara, Jennifer, y Sarah Hinlicky Wilson. "Ordaining Women: Two Views." First Things (abril 2003): 33–42.

Gadenz, Pablo. "The Priest as Spiritual Father." En Catholic for a Reason, editado por Scott Hahn, 209–228. Steubenville, OH: Emmaus Road, 1998.

Galot, Jean. "La Motivation Evangelique du Celibat." Gregorianum 53, no. 4 (1972): 731–757.

———. Theology of the Priesthood. Traducido por Roger Balducelli. San Francisco: Ignatius Press, 1984.

———. "The Priesthood and Celibacy." Review for Religious 24 (1965): 930–956.

Garrigou-Lagrange, Reginald. *"De Paternitate Sancti Ioseph."* Angelicum 22, no. 1 (1945): 105–115.

———. "La Virginité Consacrée é Dieu: Selon Saint Thomas." Vie Spirituelle 10 (1924): 533–550.

———. The Trinity and God the Creator. Traducido por Frederic C. Eckhoff. St. Louis, MO: B. Herder Book Co., 1952.

Granados, José. "Priesthood: A Sacrament of the Father." *Communio: International Catholic Review* 36, no. 2 (Verano 2009): 186–218.

Griffin, Carter. "Supernatural Fatherhood through Priestly Celibacy: Fulfillment in Masculinity (A Thomistic Study)." Diss., Pontifical University of the Holy Cross, 2011.

——. "The Anthropological Witness of Celibacy." Scripta Theologica 50, no. 1 (abril 2018): 121–138.

Hahn, Scott. Many Are Called: Rediscovering the Glory of the Priesthood. New York: Doubleday, 2010.

——. "The Paternal Order of Priests." En Spiritual Fatherhood: Living Christ's Own Revelation of the Father. Tercer Simposio Anual sobre la Espiritualidad y la Identidad del Sacerdote Diocesano, marzo 13–16, 2003, editado por Edward G. Matthews. Emmitsburg, MD: Mount St. Mary's Seminary, 2003.

Harrison, Verna. "Gender, Generation, and Virginity in Cappadocian Theology." Journal of Theological Studies 47, no. 1 (abril 1996): 38–68.

Hauke, Manfred. Women in the Priesthood? A Systematic Analysis in the Light of the Order of Creation and Redemption. Traducido por David Kipp. San Francisco: Ignatius Press, 1988.

Healy, Mary. "Friends of the Bridegroom: The Biblical Foundations of Priestly Celibacy." En The Charism of Priestly Celibacy: Biblical, Theological, and Pastoral Reflections, editado por John C. Cavadini, 27–46. Notre Dame, IL: Ave Maria Press, 2012.

Heid, Stefan. Celibacy in the Early Church: The Beginnings of Obligatory Continence for Clerics in East and West. San Francisco: Ignatius Press, 2001.

Heintz, Michael. "Configured to Christ: Celibacy and Human Formation." En The Charism of Priestly Celibacy: Biblical, Theological, and Pastoral Reflections, editado por John C. Cavadini, 65–84. Notre Dame, IL: Ave Maria Press, 2012.

Hennessy, Thomas E. D. The Fatherhood of the Priest. Somerset, OH: The Rosary Press, 1950.

———. "The Fatherhood of the Priest." The Thomist 10, no. 3 (Julio, 1947): 271–306.

Hildebrand, Dietrich von. In Defense of Purity: An Analysis of the Catholic Ideals of Purity and Virginity. Londres: Sheed and Ward, 1940.

Horn, Wade F. "The Rise of an American Fatherhood Movement." En The Faith Factor in Fatherhood: Renewing the Sacred Vocation of Fathering, editado por Don E. Eber ly, 131–144. Lanham, MD: Lexington Books, 1999.

Jaki, Stanley L. "Man of One Wife or Celibacy." Homiletic and Pastoral Review 86, no. 4 (Enero 1986): 18–25.

———. Theology of Priestly Celibacy. Front Royal, VA: Christendom, 1997.

Kentenich, Joseph. Rediscovering the Father: Selected Texts for the Year of God the Father. Mumbai, India: St. Paul Press, 1999.

Lewis, C. S. The Four Loves. San Diego: Harcourt Brace Jovanovich, 1960.

Lienhard, Joseph T. "Origins and Practice of Priestly Celibacy in the Early Church." En The Charism of Priestly Celibacy: Biblical, Theological, and Pastoral Reflections, editado por John C. Cavadini, 47–64. Notre Dame, IL: Ave Maria Press, 2012.

Llamera, Boniface. Saint Joseph. Traducido por la Hermana Mary Elizabeth, OP. St. Louis, MO: B. Herder Book Co., 1962.

Lock, Timothy G. "Same-Sex Attractions as a Symptom of a Broken Heart: Psychological Science Deepens Respect, Compassion, and Sensitivity." En Living the Truth in Love: Pastoral Approaches to Same-Sex Attraction, editado por Janet E. Smith and Paul Check, 244–278. San Francisco: Ignatius Press, 2015.

Manning, Henry Edward. The Eternal Priesthood. Baltimore: John Murphy and Co., 1883.

Mansini, Guy, y Lawrence J. Welch. "In Conformity to Christ." First Things 162 (Abril 2006): 13–16.

Margerie, Bertrand de. Christ for the World: The Heart of the Lamb. Traducido por Malachy Carroll. Chicago: Franciscan Herald Press, 1973.

May, William. "The Mission of Fatherhood." Josephinum Journal of Theology 9, no. 1 (Invierno–Primavera 2002): 42–55.

McGovern, Thomas. Priestly Celibacy Today. Princeton, NJ: Scepter, 1998.

———. Priestly Identity: A Study in the Theology of Priesthood. Dublin, Ireland: Four Courts Press, 2002.

Mead, Margaret. Male and Female. Harmondsworth, UK: Penguin Books, 1950.

Miller, Frederick L. "St. Joseph: Model of Celibate Love." Homiletic and Pastoral Review 106, no. 2 (Noviembre 2005): 22–27.

———. The Grace of Ars. San Francisco: Ignatius Press, 2010.

Miller, John W. Biblical Faith and Fathering: Why We Call God 'Father'. Nueva York: Paulist Press, 1989.

———. "The Idea of God as Father." En The Faith Factor in Fatherhood: Renewing the Sacred Vocation of Fathering, editado por Don E. Eberly, 203–218. Lanham, MD: Lexington Books, 1999.

Miller, Monica Migliorino. Sexuality and Authority in the Catholic Church. Scranton, PA: University of Scranton Press, 2006.

———. "The Gender of the Holy Trinity." New Oxford Review 70, no. 5 (mayo 2003): 27–35.

Nyathi, Jerome Rono. "Priesthood Today and the Crisis of Fatherhood: Fatherlessness in Africa with Special Reference to Zimbabwe." Diss., Pontifical University of Saint Thomas Aquinas, 2002.

O'Callaghan, Paul. "Gli Stati di Vita del Cristiano: Riflessioni su un'Opera di Hans Urs von Balthasar." Annales Theologici 21 (2007): 61–100.

Ong, Walter J. Fighting for Life: Contest, Sexuality, and Consciousness. Ithaca, NY: Cornell University Press, 1981.

Peach, Andrew. "On the Demise of Fatherhood." First Things: On the Square (junio 17, 2009). Fecha de acceso: octubre 5, 2018. http://www.firstthings.com/onthesquare/
2009/6/on-the-demise-of-fatherhood.

Papa Benedicto XVI. "Discurso del Santo Padre, Papa Benedicto XVI. Encuentro con el Clero. Catedral de Varsovia." Mayo 25, 2006.

———. "Discurso del Papa Benedicto XVI a los Sacerdotes de la Diócesis de Aosta,
en la Iglesia Parroquial de Introd." Julio 25, 2005.

———. "Discurso de Su Santidad Benedicto XVI a los miembros de la Curia romana en el tradicional intercambio de saludos navideños." Diciembre 22, 2006.

———. "Discurso del Santo Padre Benedicto XVI en la Celebración de Vísperas, Yaundé, Cameroon." Marzo 25, 2009.

———. "Cristo nunca está ausente en la Iglesia, audiencia general." Abril 14, 2010.

———. "Diálogo del Santo Padre Benedicto XVI con los sacerdotes, Clausura del Año Sacerdotal." Junio 10, 2010.

———. Carta encíclica sobre El Amor Cristiano Deus Caritas Est. Diciembre 25, 2005.

———. "En los sacerdotes, la audacia de un Dios cercano a nosotros: misa en Plaza de San Pedro para la clausura del año sacerdotal." Junio 11, 2010.

———. Jesus of Nazareth. New York: Doubleday, 2007.

———. Light of the World. San Francisco: Ignatius Press, 2010.

Papa Francisco. Apostolic Exhortation on the Proclamation

of the Gospel in Today's World *Evangelii Gaudium.* Noviembre 24, 2013.

———. "Meditación matutina en la capilla de la *Domus Sanctae Marthae*: La Alegría de la Paternidad Pastoral." Junio 26, 2013.

———. Exhortación Apostólica post-sinodal sobre el amor en la familia *Amoris Laetitia.* Marzo 19, 2016.

Pope John Paul II. Exhortación Apostólica sobre la Figura y la Misión de San José en la vida de Cristo y de la Iglesia *Redemptoris Custos.* Agosto 15, 1989.

———. Exhortación apostólica sobre el papel del cristiano. Familia en el mundo moderno, *Familiaris Consortio.* Noviembre 22, 1981.

———. "A Priest is as Good as His Eucharistic Life: Pope to Italian Clergy." Febrero 16, 1984.

———. "La Vocazione al Ministero. una Scelta d'Amore: Omelia del Santo Padre Giovanni Paolo II. Santa Messa di Inaugurazione del Convegno 'Spiritualité del Presbitero Diocesano Oggi'." Noviembre 4, 1980.

———. "Letter of the Holy Father Pope John Paul II to All the Priests of the Church on the Occasion of Holy Thursday 1979." In Letters to My Brother Priests, 8–25. Woodridge, IL: Midwest Theological Forum, 2006.

———. Exhortación apostólica post-sinodal sobre la formación de Sacerdotes en las Circunstancias del Presente *Pastores Dabo Vobis.* Marzo 15, 1992.

———. Rise, Let Us Be On Our Way. Traducido por Walter Ziemba. New York: Warner Books, 2004.

———. "La Iglesia está comprometida con el celibato sacerdotal, Audiencia general." Julio 17, 1993.

———. "Visita Pastorale nel Fucino e ad Avezzano, Omelia del Santo Padre Giovanni Paolo II. Santa Messa sul Sagrado della Cattedrale di Avezzano. ." Marzo 24, 1985.

Pope Paul VI. Carta Encíclica sobre el Celibato del Sacerdotal *Sacerdotalis Caelibatus.* Junio 24, 1967.

Papa Pío XI. Carta Encíclica sobre el Sacerdocio Católico *Ad Catholici Sacerdotii.* Diciembre 20, 1935.

Papa Pío XII. "Alocución a parejas casadas." Enero 15, 1941.

———. Exhortación apostólica sobre el desarrollo de la santidad en la vida sacerdotal *Menti Nostrae.* Septiembre 23, 1950.

———. "Discourse of His Holiness Pius XII to the Parish Priests of Rome and the Lenten Preachers." Febrero 6, 1940.

———. Carta encíclica sobre la Sagrada Virginidad *Sacra Virginitas.* Marzo 25, 1954.

Radcliffe, Timothy. "Can Gays Be Priests?" The Tablet (noviembre 26, 2005): 4–5.

Ratzinger, Joseph. Introduction to Christianity. Traducido por J. R. Foster. San Francisco: Ignatius Press, 1990.

———. "Some Perspectives on Priestly Formation Today (Presentación central en el Simposio sobre Formación Sacerdotal en el Seminario San Carlos Borromeo) ." Enero 20, 1990.

Rousseau, Mary F. "Pope John Paul II's Letter on the Dignity and Vocation of Women: The Call to Communio." *Communio: International Catholic Review* 16, no. 2 (Verano 1989): 212–232.

Ryan, Peter. "Second Response to 'Self-Gift in Generative Love.'" En Spiritual Fatherhood: Living Christ's Own Revelation of the Father. Tercer Simposio Anual sobre la Espiritualidad y la Identidad del Sacerdote Diocesano, Marzo 13–16, 2003, editado por Edward G. Matthews, Emmitsburg, MD: Mount St. Mary's Seminary, 2003.

San Juan de la Cruz. "El Ascenso al Monte Carmelo." Libro 3, cap. 45. En The Collected Works of St. John of the Cross, Traducido por Kieran Kavanaugh, OCD, y

Otilio Rodriguez, OCD, 349. Washington, DC: ICS Publications, 1991.

Saraiva Martins, Jose. "Training for Priestly Celibacy." Fecha de acceso: octubre 5, 2018. http://www.vatican.va/roman_curia/congregations/cclergy/documents/rc_con_cclergy_doc_01011993_train_en.html.

Sartain, J. Peter. "Beloved Disciples at the Table of the Lord: Celibacy and the Pastoral Ministry of the Priest." En The Charism of Priestly Celibacy: Biblical, Theological, and Pastoral Reflections, editado por John C. Cavadini, 125–142. Notre Dame, IL: Ave Maria Press, 2012.

Scheeben, Matthias Joseph. The Mysteries of Christianity. Traducido por Cyril Vollert. St. Louis, MO: B. Herder Book Co., 1946.

Selin, Gary. Priestly Celibacy: Theological Foundations. Washington, DC: The Catholic University of America Press, 2016.

Sheed, Frank. Theology and Sanity. San Francisco: Ignatius Press, 1993.

Sheen, Fulton. The World's First Love. 1952. Re-impresión, San Francisco: Ignatius Press, 2011.

Smith, Janet. The Fatherhood of God. Denver, CO: Manuscrito sin publicar, 2000.

Snow, Patricia. "Dismantling the Cross." First Things 252 (abril 2015): 33–42.

Stafford, J. Francis. "The Eucharistic Foundations of Sacerdotal Celibacy." Origins 23, no. 12 (septiembre 2, 1993): 211–216.

Stickler, Alphonso M. The Case for Clerical Celibacy: Its Historical Development and Theological Foundations. San Francisco: Ignatius Press, 1995.

Sutton, Philip M. "The Fatherhood Moment: The Rest of the Story." En Marriage and the Common Good: Proceedings from the Twenty-Second Annual Conven-

tion of the Fellowship of Catholic Scholars, septiembre 24–26, 1999,

Deerfield, Illinois, editado por Kenneth D. Whitehead,
62–77. South Bend, IN: St. Agostoine's Press, 2001.

Teresa of Calcutta. "Priestly Celibacy: A Sign of the Charity of Christ." (1993). Fecha de acceso: octubre 5, 2018.
http://www.vatican.va/roman_curia/congregations/
cclergy/documents/rc_con_cclergy_doc_01011993_
sign_en.html.

Touze, Laurent. "Paternidad Divina y Paternidad Sacerdotal." XX Simposio Internacional de Teología de la
Universidad de Navarra. Pamplona, España: Servicio
de Publicaciones de la Universidad de Navarra, 2000,
655–664.

Trochu, Francis. The Curé d'Ars: St. Jean-Marie-Baptiste
Vianney. Westminster, MD: The Newman Press, 1949.

Vigneron, Allen H. "Can Celibacy Be Defended?" Crisis 18,
no. 11 (diciembre 2000): 42–46.

———. "Christ's Virginal Heart and His Priestly Charity."
Chaste celibacy: living Christ's own spousal love.
Sexto Simposio Anual sobre la Espiritualidad y la
Identidad del Sacerdote Diocesano, marzo 15–18,
2007. Omaha, NE: The Institute for Priestly Forma-
tion, 2007.

———. "The Virginity of Jesus and the Celibacy of His
Priests." En The Charism of Priestly Celibacy: Bibli-
cal, Theological, and Pastoral Reflections, editado por
John C. Cavadini, 85–108. Notre Dame, IL: Ave Maria
Press, 2012.

Vitz, Paul C. "The Father Almighty, Maker of Male and
Female." Touchstone 14, no. 1 (enero–febrero 2001):
33–39.

———. "The Importance of Fathers: Evidence from Social
Science." Fecha de acceso: octubre 11, 2018. https://
www.catholiceducation.org/en/controversy/mar-

riage/family-decline-the-findings-of-social-science.
html.

Vitz, Paul C., and Daniel C. Vitz. "Messing with the Mass:
The Problem of Priestly Narcissism Today." Homiletic and Pastoral Review 108, no. 2 (noviembre 2007):
16–22.

———. "Priests and the Importance of Fatherhood." Homiletic and Pastoral Review 109, no. 3 (diciembre 2008):
16–22.

Ware, Kallistos. The Spiritual Father in St. John Climacus
and St. Symeon the New Theologian. Kalamazoo, MI:
Cistercian Publications, 1989.

Weinandy, Thomas Gerard. "Of Men and Angels." Nova et
Vetera 3, no. 2 (2005): 295–306.

Wojtyla, Karol. Love and Responsibility. Traducido por H.
T. Willetts. New York: Farrar, Straus, Giroux, 1981.

www.ingramcontent.com/pod-product-compliance
Lightning Source LLC
Chambersburg PA
CBHW060744100426
42813CB00032B/3389/J